信贷决策与银行绩效的影响因素研究
——理论及实证分析

叶建光 ◎ 著

中国社会科学出版社

图书在版编目（CIP）数据

信贷决策与银行绩效的影响因素研究：理论及实证分析／叶建光著．
—北京：中国社会科学出版社，2016.12

ISBN 978 – 7 – 5203 – 1348 – 3

Ⅰ．①信…　Ⅱ．①叶…　Ⅲ．①商业银行 – 信贷 – 决策行为 – 影响因素 –
研究 – 中国②商业银行 – 经济绩效 – 影响因素 – 研究 – 中国　Ⅳ．①F832.33

中国版本图书馆 CIP 数据核字（2017）第 273461 号

出 版 人　赵剑英
责任编辑　任　明
责任校对　沈丁晨
责任印制　李寡寡

出　　版　中国社会科学出版社
社　　址　北京鼓楼西大街甲 158 号
邮　　编　100720
网　　址　http：//www.csspw.cn
发 行 部　010 – 84083685
门 市 部　010 – 84029450
经　　销　新华书店及其他书店

印刷装订　北京君升印刷有限公司
版　　次　2016 年 12 月第 1 版
印　　次　2016 年 12 月第 1 次印刷

开　　本　710×1000　1/16
印　　张　9.5
插　　页　2
字　　数　139 千字
定　　价　58.00 元

前　　言

在信息非对称的资本市场中，信贷决策是商业银行控制贷款风险的一种手段，也是商业银行进行资产管理、提升经营绩效和维持自身竞争地位的一项核心业务。因此，对信贷决策与绩效影响因素的研究是银行实务界和学术界关注的焦点问题之一。

本书基于新制度经济学、法与金融、不完全合约等理论研究了商业银行的信贷决策行为，探讨中国新兴加转轨经济中的制度环境如何影响信贷决策，并由此讨论商业银行的绩效。研究的基本思路是，信贷决策不仅受到不确定性因素和融资企业非对称信息的约束，而且还要受到新兴加转轨的制度约束。因此，应该从中国新兴加转轨经济的制度特征来考察商业银行的信贷决策，并据此解释信贷配给现象和贷款利率定价问题。

本书的主要研究内容和观点如下：

第一，本书对制度环境影响商业银行信贷决策和绩效的机理进行了理论建模和比较静态分析，推算出非对称信息的资本市场中银行与融资企业之间的次优贷款合约，并着重讨论了名义收益权的实施强度、抵押权的实施强度和法律执行效率对信贷审批、贷款利率和绩效的影响。理论演绎表明：信贷配给是商业银行和融资企业之间因存在非对称信息和道德风险而产生的一种均衡现象；当商业银行面临的信贷环境恶化时，企业从商业银行获得贷款的难度增加，信贷配给现象更为严重；随着信贷环境的改善，信贷配给现象减缓，贷款利率提高，银行的绩效提升。

第二，本书基于我国商业银行的信贷微观数据，利用 Probit 模型、Logit 模型和 Heckman 两步法等计量手段，实证考察了商业银行信贷决策的影响因素，并重点检验了产业政策指导这种政府间接干预对贷款利率定价和信贷审批的影响。经验研究证实：产业政策指导这种政府间接干预对银行的信贷审批及贷款利率定价均具有显著影响，相比较而言，重点支持类的企业要比一般支持类和限制类的企业更容易获得银行贷款，并且贷款利率也较低；商业银行的信贷决策并不存在企业的所有权歧视；企业资产规模既影响信贷审批，也影响贷款利率定价。

第三，本书基于我国上市商业银行的面板数据，在测算出银行绩效、风险承担水平的基础上，利用面板计量模型考察了银行绩效的影响因素，并重点检验了区域市场化程度、金融市场化程度、法律执行效率、货币政策等制度环境对商业银行绩效的影响。经验研究发现：影响商业银行绩效的因素包括内部治理结构变量和外部治理结构变量；区域市场化程度对银行绩效没有显著影响，而金融市场化程度、法律执行效率对银行绩效有显著正影响；利率对银行绩效有显著正影响。

目　录

第一章　绪论

第一节　问题提出

商业银行是中国金融体系的一个重要组成部分，对促进经济持续稳定增长有着不可替代的作用。商业银行又是一个以营利为目的的金融企业，其经营目的旨在追求股东价值最大化。作为商业银行最基本和最重要的决策，信贷决策（loan decision）不仅是商业银行在信息非对称条件下对贷款风险进行控制的一种手段，也是商业银行进行资产管理、保持一定盈利水平和维持自身竞争地位的一项核心业务。因此，对信贷决策与商业银行绩效的研究是银行实务界和专家学者们关注的焦点问题之一。

从金融理论来看，商业银行对融资企业的贷款定价是非对称信息下的一个典型的"信贷配给"问题。主要表现为：首先，商业银行和企业之间存在着非对称信息，其中企业是信息的优势方和知情者；商业银行是信息的劣势方和未知情者。信贷市场的信息非对称主要包括事前非对称信息和事后非对称信息两大类，其中事前的信息非对称是指融资企业对于企业的经营能力、企业的质量、企业的风险偏好、投资项目的收益和质量等知识拥有私人信息；事后的信息非对称是指融资企业在获得贷款后，私下改变信贷资金用途、隐瞒投资收益、逃避偿还义务、不努力经营等违反贷款协议的机会主义行为。其次，正如非对称信息理论指出的那样①，在事前非对称信息的资本市场中，会产生"劣币驱逐良币"的"逆向选择"现象；在事后非对称信息的信贷市场中，会发生机会主义的"道德风险"行为。这两种行为表明融资企业会利用其拥有的私人信息损害商业银行的利益。因此，在信息非对称下，理性的商业银行为了维护自身的利益，不仅依靠贷款利率来决定对企业的贷款，还综合考虑"逆向选择"行为和"道德风险"行为发生的可能性来确定是否对企业贷款。这种信息非对称的资本市场中一些高质量投资项目融不到资或者一些企业受到贷款的额度限制的现象称为信贷配给。

在信息非对称的资本市场中，贷款利率是如何决定的？贷款利率又受到哪些因素的影响？这是商业银行资产管理中一个重要的基础性研究课题。西方商业银行实务界推崇的贷款定价模型主要有资本资产定价模型、无套利定价模型、成本相加定价法、客户盈利能力分析法。西方理论界早期从金融工程和风险管理的角度对此问题进行了探讨，近期则从逆向选择、道德风险、产权结构、信息环境、企业规模等角度对商业银行贷款定价问题进行了大量研究（Corvoisier 和 Gropp，2002；Dietsch 和 Petey，2002）。国内学者结合西方商业银行贷款定价方法，提出了适合我国的贷款定价模型（庄新田等，2002；张维等，2008；庞素琳等，2008；何自力，2006）。但是，国内现有文献鲜有从信息非对称的外部融资框架来分析商业银行的贷款定价的，对中国的制度环境如何影响信贷决策也很少探讨。总的来看，国内研究仍有较大的局限性。事实上，以 Innes（1990）、Hermalin 和 Katz（1991）、Dewatripont 等（2003）、Tirole（2006）为代表的学者建立的非对称信息的外部融资框架为分析银行和企业的借贷关系提供

---

① 在事前非对称信息的资本市场中，会产生"劣币驱逐良币"的"逆向选择"现象。由于存在非对称信息，银行只能根据融资企业的平均风险水平来决定企业的贷款利率，从而使低风险水平的企业不愿意与银行发生信贷关系；风险水平越高的企业，越有积极性与商业银行发生信贷关系。为维护自身利益，理性的商业银行会给融资企业少贷款甚至不贷款，这将导致信贷市场萎缩甚至消失。

了很好的思路，是一种分析贷款合约、信贷审批和贷款利率定价的强大理论工具和切入点。尤其是，Grossman 和 Hart（1986）、Hart 和 Moore（1990）、Aghion 和 Bolton（1992）等学者开启的不完全合约理论为研究制度环境、政府政策对贷款合约的影响提供了崭新的分析视角。从激励、非对称信息、产权、制度、司法等这些在竞争均衡分析范式中被忽略掉的视角出发思考经济问题已成为经济学分析的一种犀利工具（费方域和蒋士成，2008）。正如经济学家 R. C. O. 马修斯所言，"在经济学科领域里，制度的经济学分析已经成为一个极为活跃的研究领域"（Matthews，1986）。

中国新兴加转轨的制度特征及利率市场化改革的实践为应用不完全合约理论研究企业和银行之间的贷款合约提供了新的鲜活的土壤，同时也是一个难得的实验室。

首先，政府对经济的干预，是我国经济在新兴加转轨发展过程中的主要制度特征之一（方军雄，2007）。中央和地方政府通过采取审批、许可和控制资金、技术和其他稀缺资源及制定产业发展规划等措施实施调控。从新古典经济学的观点来看，政府是界定、保护产权和保证合约正常履行的"守夜人"，政府对市场的干预是中性的。但是，从资源配置效率来看，政府干预的负面作用非常明显。中国商业银行的信贷决策受到政府的多重干预（皮天雷，2008）。因此，结合我国的现实经济，才能更好地理解商业银行的行为特征。

一方面，央行通过公开市场业务、再贴现等手段控制货币供给量，间接调控基准利率影响市场利率，市场利率是央行宏观金融调控的手段。中国银监会则往往按照《巴塞尔协议Ⅲ》对银行的资本充足率、杠杆率、流动性、存贷比、贷款损失准备等提出监管标准。中国商业银行实施一级法人治理下的授权授信金融制度，上级行（往往是省分行）决定额度授权，分支行决定是否放贷。更高的资本充足率要求会导致银行重新配置其资产，降低其风险承担行为（Furlong 和 Keeley，1989）。另一方面，出于经济发展的长远考虑，中央政府长期以来一直要求银行要对国家重点扶持的行业、项目实行利率优惠。

预算约束软化、产权不明晰的大中型国有企业往往是银行贷款的主体，占用全部银行信贷资金的65％以上（李扬，2003），而中小企业尤其是民营企业却受到了歧视性的融资政策，负担的利率远远高于国有大中型企业。为了解决就业、税收和完成 GDP 考核，中国各级地方政府对金融特别是银行信贷投放普遍存在程度不同的行政干预，地方政府不仅是不可忽视的信贷资金需求者，还积极介入资金配置过程，希望银行支持地方经济发展，甚至是扶持一些国家从严控制类产业。政府干预信贷决策，常常导致受政府保护企业获得稀缺的资金配置，而经济上更有效率但缺乏必要关系的企业因难以获得稀缺资金可能受损。政府干预商业银行的一个后果是造成银行信贷配置的实际成本和名义成本之间出现偏差，从而使价格难以发挥调整资源配置的作用（Park 和 Luo，2001；孙铮等，2005；吴文锋等，2008；罗党论等，2009；Ang 等，2009）。对处于转轨经济的中国而言，特殊的制度起点与经济背景决定了银行信贷行为从一开始就是政府主导的强制性、自上而下的制度变迁过程，政府行为或者说各种政治势力的角力在很大程度上成为推动经济体制改革的重要力量。

其次，处于转型期的中国主要制度特征之二是融资企业的信息披露不充分，借贷双方的信息非对称问题依然突出，法律环境不健全，司法效率低，合约不完全实施。这些状况不利于社会信用环境的完善，也使贷款违约时的抵押品处置成本和破产清算成本非常高，对保证人追索困难，导致违约损失率偏高。已有研究显示：在美国平均违约损失率在30％—35％；在新加坡为40％—50％；而中国的信用环境远不如新加坡，预计平均损失率要超过50％（毕明强，2004）。事实上，越来越多的经验研究表明，从长期来看，决定信贷市场发展的一个重要因素是法律环境（La Porta 等，1997，1998；Levine 等，1998，1999；Djankov 等，2006）。法律的重要功能在于它能使债权人权利得到保障并保障合同执行，降低贷款风险，促使信贷占 GDP 的比重上升。另有学者的研究表明，法治的实际执行效率比法律条文对银行信贷行为的影响更为重要，对转型国家尤其如此（Berkowitz 等，

2003；Pistor 等，2000）。

最后，从金融市场的市场化改革进程来看，金融深化改革全面提速，金融体系的市场化程度越来越高。中国国债市场和银行债券市场等在内的金融市场的利率已基本实现了自由化①。2012 年 6 月放宽了人民币存贷款利率浮动区间，实现"贷款下限、存款上限"的管理模式。2013 年 7 月全面放开金融机构的贷款利率管制，包括取消金融机构贷款下浮 0.7 倍的下限，由金融机构根据商业原则自主确定贷款利率；同时，取消票据贴现利率管制，对农村信用社贷款利率不再规定上限。随着利率市场化改革进程的不断深入推进，尤其是逐渐放松对贷款利率管制，商业银行的竞争行为已从扩张机构转变到重视价格竞争（易纲和赵先信，2001）。首先，利率市场化给了商业银行存贷资金自主定价权，势必导致商业银行之间为争夺优质客户的竞争更加激烈，贷款的定价已经不再是一个商业银行考虑自身风险溢价的简单问题，而更是银行间的一个博弈问题。如果银行的贷款利率高于同业价格，就会面临着丢失优质客户的风险；如果银行的贷款利率低于同业价格，就会面临利息损失甚至亏损的风险。其次，利率市场化作为一种制度变迁，以中国资本市场正规金融和民间金融并存的二元市场结构为初始条件，逐渐形成一系列包括银企借贷关系在内的银行制度层面的制度变迁，并最终影响银行的可贷资金和定价模式②。

为此，本书基于中国新兴加转轨经济中政府干预、法律环境不健全的制度特征及利率自由化、商业银行竞争加剧的制度背景，利用新制度经济学、法与金融、不完全合约理论等视角从理论和实证两个方面系统考察商业银行信贷决策和绩效的影响因素，并着重探讨制度环

---

①　中国的利率市场化进程正式起步于 1996 年，采取了渐进式改革的模式。1999 年实现了银行间市场利率、国债和政策性金融债发行利率市场化；2004 年，首次允许人民币存款利率下浮，取消了城乡信用社之外的贷款利率上限；2007 年 1 月 4 日，上海银行间同业拆放利率（Shibor）正式运行。

②　例如，国有银行的改革因素和信用社虽然都具有垄断性，但两者定价模式是不同的。

境对商业银行信贷决策和绩效的影响。

本书的研究对于深化理解中国现实制度背景下商业银行的信贷决策，提升商业银行贷款定价的科学合理性以提高经营绩效及实现风险管理目标具有重要的现实意义和理论意义。

第二节　研究内容和架构安排

本书研究的基本思路是：商业银行的信贷决策，不仅受到不确定性因素和融资企业非对称信息的约束，而且还要受到新兴加转轨的制度约束。事实上，制度特征界定了商业银行和融资企业在签订贷款合约时所处的政策环境，其中政策环境包括政府的产业政策指导、政府对债务延期的管制、司法体系的效率和公正、金融监管当局对银行的资本充足率和风险管理的规定、对银行设立分支机构的管制、促进银行竞争有关政策等。不可避免地，这些政策环境极大地影响了贷款合约的签订，影响了商业银行的贷款利率定价及信贷审批，并进一步影响了商业银行的绩效。

因此，应该从中国新兴加转轨经济的制度特征出发构建商业银行信贷决策的理论分析框架，并据此验证信贷配给和贷款利率定价的影响因素。

根据研究思路，我们着重讨论下面的几个核心问题：在信息非对称的资本市场中，银行和融资企业之间的贷款合约是如何设计的？影响商业银行信贷审批和贷款利率定价的因素有哪些？政府干预是否对贷款利率定价和信贷审批产生影响？银行的信贷决策是否存在企业的所有权歧视？企业的资产规模是影响信贷决策的重要因素吗？在中国经济转型过程中，法律执行效率、金融市场化程度、货币政策、资本充足率等对银行绩效产生何种影响？

本书由六章组成，篇章结构安排如下：

第一章为绪论。首先通过研究背景的介绍提出问题，阐述本书研究的理论意义和现实意义，说明研究工作的重要性；然后介绍本书研究的主要内容和结构安排；最后对本书的研究创新和研究方法进行说明。

第二章为文献综述。这一章从国外研究和国内研究两条线索对商业银行贷款利率定价、信贷审批、信贷配给、银行绩效等方面的研究文献进行梳理、归纳式介绍及评述。

第三章为银行信贷决策的理论分析。这一章将制度环境对信贷决策的影响内生化，利用 Firole 事后非对称信息的外部融资分析框架和不完全实施的合约环境构建了一个理论模型，用以研究商业银行和融资企业之间如何设计次优的贷款合约。我们不仅求解出了贷款合约和获得贷款的充要条件，而且还基于比较静态分析和数值模拟计算考察了制度环境如何影响商业银行的贷款利率、信贷审批和绩效。

第四章为信贷决策的影响因素。这一章以商业银行信贷的微观数据为样本，综合利用普通最小二乘估计、Probit 模型、Logit 模型和 Heckman 两步法等技术手段，探讨了商业银行贷款利率定价和信贷审批的影响因素，并重点检验了产业政策指导这种政府间接干预对商业银行贷款利率定价和信贷审批的影响。

第五章为银行绩效的影响因素。这一章以 16 家上市商业银行为研究对象，在测算出银行绩效、风险承担水平的基础上，建立了非平衡面板数据模型来分别考察内部治理结构和外部治理结构对商业银行绩效的影响，并重点探讨了法律执行效率、货币政策、资本充足率等制度环境对银行风险调整之后的绩效影响。

第六章为结束语。这一章回顾了本书的主要研究发现，提出相应的政策建议，并对有待进一步研究的问题提出展望。

本书具体的结构安排如图 1 - 1 所示。其中：第一章和第二章是研究基础；第三章是理论分析，为第四章和第五章的经验研究奠定基础；第四章和第五章是经验研究，分别研究信贷决策的影响因素和银行绩效的影响因素；第六章是总结与启示。

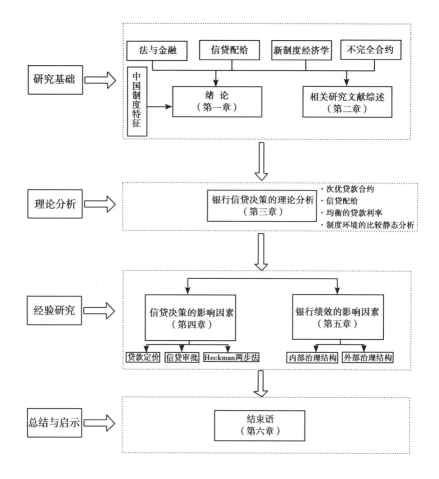

图 1－1　本书逻辑结构

第三节　研究创新点

本书的研究主要有以下几点创新：

第一，从非对称信息的外部融资分析框架出发构建了商业银行和企业之间的次优贷款合约，更加系统地从理论上探讨了名义收益权的实施强度、抵押权的实施强度和法律执行效率影响商业银行信贷决策和绩效的机理。

第二，利用商业银行的信贷微观数据，对产业政策指导这种政府间接干预与信贷配给、贷款利率定价的关系进行了经验验证，为政府干预、产权等如何影响非上市企业的融资成本提供了新的证据，弥补了现有研究文献的不足。尤其是，为了克服样本选择性偏差问题，本书还采用了 Heckman 两步估计方法。

第三，把风险承担引入商业银行绩效的研究中，较为系统地考察了内部治理结构和外部治理结构对剔除风险承担之后的绩效的影响。

第四节　研究方法

本书采用理论分析和计量检验相结合的研究方法，综合新制度经济学、法与金融学、博弈论、不完全合约理论等经济理论对信贷配给和贷款利率定价问题进行理论推导，并基于可获取的银行关于企业的信贷微观数据和上市银行的面板数据，设定计量模型对所提出的问题进行实证检验。具体而言：

一是理论建模及比较静态分析。第三章在考察制度环境如何影响商业银行的信贷决策时，本书基于 Tirole 的存在事后非对称信息的外部融资分析框架（2006）构建了一个涉及商业银行和企业家讨价还价博弈的理论模型，在激励约束和个人理性约束下求解出了商业银行和企业之间的次优贷款合约，并且利用比较静态分析考察了名义收益权的实施强度、抵押权的实施强度和法律执行效率对信贷审批和贷款利率的影响。另外，本书在第三章还采用了数值模拟分析方法。

二是实证方法检验。在第四章和第五章的实证分析部分，本书主要采用最小二乘法、Probit 模型、Logit 模型、面板计量分析、逐步回归等方法对相关问题进行实证检验。为了克服样本选择性偏差问题，本书还采用了 Heckman 两步估计方法；为了保证计量结果的稳健性，本书对计量模型的设定、解释变量和被解释变量测度的形式及数据生成的方式进行了多角度的变换，对实证研究结论进行了稳健性检验。

第二章　文献综述

商业银行的信贷决策包括贷款审批和贷款定价两个环节。前一个环节是指银行决定是否放贷款给企业，简称为信贷审批；后一个环节是指银行决定贷款利率高低，简称为贷款利率定价。本书的研究主要与下列的几类研究文献有关。

第一节　贷款利率定价的研究

在商业银行贷款利率定价研究领域，国外学者已经做了大量探索，对这个问题的研究基本上已经形成了一定的体系，主要从市场结构、关系型贷款和风险定价三个角度展开。

一　市场结构与贷款利率

学者们从商业银行所处的资金借贷市场结构，利用传统的垄断厂商定价理论及寡占厂商理论探究信贷市场的竞争程度对商业银行贷款利率的影响（Klein，1971；Corvoisier 和 Gropp，2002；Stango，2002）。事实上，在一个理想的完全竞争市场中，资金的价格——贷款利率应该等于资金的边际成本。但是，现实的信贷市场通常具有一定的垄断性，从而意味着市场的竞争程度以及商业银行的垄断势力将会影响贷款利率。

Klein（1971）最早建立了一个考虑以信贷市场垄断为特征的 Klein-Monti 模型。该模型在银行资本规模不变的条件下讨论了垄断银行的贷款利率决定机制，证明了信贷市场利率的上升将会推高垄断银行存款利率水平和贷款利率水平。Dermine（1986）进一步拓展了 Klein-Monti 模型，指出在商业银行存在破产风险的情况下，贷款利率还会受到存款利率的影响，存款利率和贷款利率并不是孤立的。考虑到借款者在不同银行间转换借贷存在所谓"转换成本"，Stango（2002）建立了一个信用卡贷款定价模型，其结论表明随着转换成本的提高，两家银行的最优信用卡贷款利率都会提高，同时较大的市场份额意味着较高的最优贷款利率。Corvoisier 和 Gropp（2002）则用计量模型探讨了市场集中度对贷款利率的影响，其经验研究结果显示，贷款利率受到市场上银行数量的影响，市场集中度的提高将提高银行贷款利率。

基于市场结构的商业银行贷款利率理论能较好地解释不完全竞争市场中贷款利率的形成机制。但是，该理论对于贷款所隐含的风险因素对贷款利率的影响未给予充分重视，难以解释同一家银行不同贷款间贷款利率的异质性。

二　关系型贷款与贷款利率

公司治理通常分为 AS 模式和 GJ 模式两种模式，前者以美国和英国为典型代表①，后者盛行于德国、日本及众多欧洲国家。关于这两种治理模式的成本与收益之比较一直是公司金融理论和经验研究的主题。GJ 模式将银行视为重中之重，所有权高度集中，股票市场稀薄，鼓励投资者与管理层建立长期关系。新近的一些研究着眼于银行与借款者之间的联系，认为商业银行与借款人之间频繁、深层的沟通与交流会影响贷款利率的决定。

Boot 等（1994）的研究表明，在关系型贷款中，由于商业银行获得了与借款人有关的较为完整的信息，有助于减少两者之间的信息非对称，可以有效降低逆向选择、道德风险等情况的发生。所以，银行与借款人之间的关系加深，将会导致贷款利率呈下降的态势。Sharp

---

① AS 模式又被称为盎格鲁 - 撒克逊模式。

（1990）对银行与借款人之间的关系分析却得出了相反的结论，其所构建的动态模型表明：当银行与借款人之间维持持续关系时，强化了银行占有借款人的信息，而借款人增加了对银行的依赖性。随着银行与借款人之间保持这种持续关系，贷款利率反而会上升。Tirole（2006）指出，关系型借款可以降低企业和银行之间的信息非对称程度，提高资源配置效率。

基于关系型贷款的贷款利率决定理论的优点在于其客观地反映了银行与借款人之间的复杂关系，但"关系"这一指标难以具体衡量，以致此类理论往往只能用于进行理论推演，难以进行定量分析和实证研究。正如 GJ 治理模式受到的批评那样，关系型贷款使商业银行对企业家的"利润增进"投资形成一种"敲竹杠"效应，进而减弱了企业家的投资激励。

三　风险与贷款利率

商业贷款利率相对于无风险利率的超额收益，来源于贷款人所承担的贷款不能如约偿还的风险。因此合理地对贷款所面临的风险进行度量，可以为贷款的定价提供参考。具体来看，基于风险的银行贷款定价分为两个主要步骤：一是风险评估，主要从违约率、违约损失及违约相关性三个方面对贷款风险进行量化评估；二是确定贷款利率，以对贷款风险量化评估结果为基础确定贷款利率。

风险度量的研究在 20 世纪 90 年代已经取得了重大进展[1]。当前，应用较为广泛的信贷风险度量模型主要有四种。

第一种是 KMV 模型，其理论基础源于罗伯特·默顿的期权定价理论（Merton，1976）[2]。1993 年 KMV 公司在该理论的基础上发展出 KMV 模型，先用期权定价公式计算出公司资产的隐含波动率，进而

---

① 从西方发达国家商业银行的实践来看，贷款定价模型主要有成本相加定价法、价格领导定价法、低于优惠利率定价法、成本—收益定价法、客户盈利能力分析法等。

② Merton（1976）最先将期权定价理论运用于风险资产估值中，将公司股权看作以公司资产为标的、公司债务为行权价格的看涨期权。

计算公司的违约距离（distance to default），并与历史数据库相比对，计算出公司的预期违约率（expected default frequency）。

第二种是 Credit Metrics 模型。摩根公司于 1997 年开发的 Credit Metrics 是银行业最早使用并对外公开的信用风险管理模型。该模型以信用评级为基础，利用马尔科夫概率转换矩阵测算出单项风险资产的违约率，然后再根据相关系数矩阵计算出贷款组合的违约率。这一模型计算简便，具有较大的使用价值。由于该模型可得出违约事件的分布函数，所以还可用于计算风险资产组合的风险价值（VAR），以用于风险准备金的计算。

第三种是 Credit Portfolio View 模型。该模型由麦肯锡公司开发于 1997 年，是一种能够执行多项功能的多因素模型。它不但可以分析银行的贷款组合风险和收益，而且还可以对环境因素的变化进行压力测试和蒙特卡罗数值模拟。考虑到当期的宏观经济环境是该模型最大的特点，如政府支出、GDP 增长率、失业率、长期利率及汇率等宏观因素对风险的影响，强调宏观经济因素变化对信用质量的直接影响。

第四种是 Credit Risk + 模型，由 CSFB 公司于 1997 年发布，是一个只考虑违约而不考虑降级风险的模型。该模型利用保险精算学的框架推导出贷款组合的损失分布，从而度量借款者的违约风险。研究表明，违约时间纯粹是一个统计意义的概念；债务人的资本结构与违约风险无关。就统计意义而言，债务人总体在违约风险上会表现出一定程度的"大数定律"，但是否违约完全是随机的。

从国内现有的研究文献来看，关于贷款定价的研究主要集中于对国外贷款定价模式的介绍评述、国内金融机构如何设计贷款定价模型。

蒋东明（2004）在总结西方国家银行贷款定价三种模式的基础上，指出我国商业银行的贷款利率定价绝不能照搬国外某一固定的定价模型，而应该结合我国商业银行自身的实际情况灵活地选择定价方式，逐步建立包含政策框架、价格审批、定价模型、风险评价系统及管理信息系统在内的贷款定价体系。毕明强（2004）基于客户盈利性分析和客户的贡献度，设计了一种专门针对大型优质客户的贷款定价方法，计算出包括贷款在内的一系列产品价格组合的竞争力价格。王颖千、王青和刘薪屹（2010）将传统成本相加定价模型和基准利率加点模型相结合，引入客户综合贡献度参数对理论定价进行必要修正，强调理论定价应避免偏离中国市场的实际环境而失去指导意义，并主张通过内部定价授权体制缓解理论定价与同业竞争之间的矛盾，确保银行定价机制的实践意义。田萍萍和李文忠（2011）认为，虽然国内规模较大的银行大都采用客户盈利分析利率定价、成本加成利率定价和价格领导利率定价，但上述利率定价方式对于中小商业银行而言并不完全适用。应根据中小银行的实际情况和所具备的条件，从当前和中长期的角度出发，构建中小银行贷款利率定价模型及框架。

部分学者从非对称信息出发，构建商业银行和融资企业之间的贷款博弈，对商业银行的贷款定价策略进行了理论探讨（庄新田和黄小原，2002；刘彦文和管玲芳，2009；于久洪和张剑，2010；李金迎和博昭，2011）。博弈研究视角从理论上拓展了我国商业银行定价的思路，极大地丰富了贷款定价理论体系。还有学者基于金融工程原理和期权定价公式提出了各类新的贷款定价方法（李丙泉，2002；石蓉和耿香娥，2002；戴国强和吴许均，2005；舒宁，2009）。

总的来说，国内学者对商业银行贷款定价模式的探索大体是围绕西方国家主流的三种定价理论同时结合中国的具体情况展开的。

第二节　信贷审批的研究

国外的信贷审批制度在不同的银行之间差别较大，实践中主要有两种信贷审批制度。规模较小的、区域性银行往往采用一种由风险控制经理、客户经理等专业人员根据经验对贷款申请进行评估的"专家判断法"。"专家判断法"是对贷款申请具体属性的一种非规范化分析，相对较为主观，评估成本较低。规模较大的银行常常采用自建的信贷评分系统来对贷款申请进行量化评估，这种方法也是近年来银行业贷款审批制度发展的趋势。

因此，学术界对信贷审批的研究主要集中于两个方面，即信贷人员的行为决策分析和银行信贷评分技术构造及应用。前者主要从经济学的角度来分析影响信贷人员信贷审批决策的因素是什么，而后者是基于历史数据建立统计模型来预测单项贷款项目的违约风险，从而相对客观地评估贷款项目的优劣。

一 信贷人员行为决策研究

就信贷人员行为决策方面而言，传统上经验丰富的信贷人员一般会使用"5C"方法，从品德、资本、偿付能力、抵押品和商业周期五个角度来分析是否应给予申请人贷款。

会计信息和财务信息是影响银行信贷审批的一个重要因素。Chung 等（1993）研究了石油和天然气行业中，银行如何利用企业的会计信息来决定贷款的信用额度和抵押资产，其研究发现强制性披露会计信息具有很强的信贷决策有用性。Helen Kwok（2002）考察了财务报表和财务信息对信贷审批的影响。经验研究发现，在信贷审批时商业银行更多地依赖由应计式财务报告（accrual-based financial reports）所揭示的信息，更偏好于使用资金流量表而非现金流量表。Danos 等（1989）研究了银行在贷款审批过程中的财务信息的运用，发现银行在审批过程的前期更多地使用概括的会计信息和其他背景数据（如独立评级公司做出的评级），而在审批过程的后期则根据贷款申请公司的融资计划潜在假设的变化对审批决策进行调整。Beaulieu（1996）研究了信贷员在信贷决策中对合理财务信息和客户其他特质信息的应用，其研究表明当信贷项目的结果与当初的信贷决策判断一致时，信贷员对财务信息和客户其他特质信息的记忆较深刻。

除了贷款申请者财务和特质因素之外，其他方面的因素也会影响信贷审批，比如审批制度、社会关系、信贷人员的个人特质等。Andersson（2004）对具有不同信贷审批经验的信贷员进行测评，结果表明，经验丰富的信贷审批人员相对非专业人员会要求贷款者提供更多的贷款项目信息；就同一个贷款项目而言，经验丰富的不同的信贷人员往往会做高度不一致的审批意见。Rodgers（1999）则从心理学的角度对比分析了新手和有经验的信贷员在运用矛盾信息进行信贷审批决策时的差异性。Elsas 和 Krahnen（1998）基于德国数据的经验研究发现，长期的委托关系是银行信贷审批过程中考虑的一个重要因素，不同密切度的长期关系会使银行在信贷审批过程中表现出不同的行为模式。

二　银行信贷评分技术

自 20 世纪 70 年代以来，随着个人信用市场及信用风险度量技术与理论的快速发展，尤其是计算机技术迅猛发展，越来越多的线性判别分析、多元判别分析、线性回归和 Logistic 回归等数理统计方法和技术、线性规划和整数规划等运筹学的方法被运用到信用评分的理论研究与实践中。从 20 世纪 80 年代开始，信用评分领域逐渐引入人工智能方法和一些非参数统计方法，如遗传算法、神经网络、专家系统及最近邻方法。其中代表性的研究有以下几种。

Altman（1968）最早提出 "Z-Score" 的判别分析模型，并利用该模型对企业的破产风险进行识别。模型的基本思想是：找到一种使预期成本最小化的分类准则，来决定银行是否接受一个新客户的信贷申请。该方法在判别分析函数的基础上可以得到一个线性评分卡，借助信用评分卡将 "好" 客户和 "坏" 客户区分开。Rosenberg 和 Gleit（1994）分析了在信用评分时，判别分析方法产生的问题和存在的缺陷。Eisenbeis（1977）将判别分析作为一种评分方法应用到金融、商务、经济领域。

Wiginton（1980）最先将 Logistic 回归用于信贷审批的研究，旨在发现违约概率与多种影响因素之间的线性关系，以及对不同特征的贷款申请者的违约概率进行预测①。Henley 和 Hand（1997）对 Logistic

---

①　Logistic 回归的基本思想是将贷款申请者的违约概率进行 Logit 转换后作为其特征变量的因变量，以此构建线性回归模型。

回归、分类树等方法的适用性和精确性进行对比，认为 Logistic 回归对于预测二分类定性变量是一种准确性很高且相对稳定的方法，如在预测个人信用好或坏等方面。由于 Logistic 回归法可以计算出具体的违约概率值，分析方法更为精确，所以逐渐成为信用评分的最主要方法，且在实际应用中一直延续至今。

Odom（1990）首次将神经网络①的方法引入信用风险评测中，Desai 等（1996，1997）、West（2000）等学者分别使用神经网络方法构造了个人信用评分模型，并通过实证分析验证了在各种特征变量具有复杂的非线性关系的情况下，神经网络方法具有明显的优势。作为一种模仿人脑信息加工过程的智能化信息处理技术，神经网络分析方法应用于信用评分的优点在于其无严格的假设条件限制且具有处理非线性问题的能力。

国内学者们对信贷审批的研究，比较关注中国信贷审批制度存在的主要问题，并提出相应的政策建议。黄丹（2006）分析传统审贷体制与现阶段两种"垂直审贷"模式各自的特点，并比较了两种改革模式的不同之处；针对商业银行审贷体制的进一步改革，提出了过渡时期机制设计应体现各个相关内部机构的权力制衡。乔涛（2011）分析了银行信贷审批制度中存在的问题，即种类繁杂的信贷业务制度制约了信贷营销、信贷审批体系背离权责对等原则影响了基层行营销与管理的积极性、科学有效的激励与约束机制的缺失，难以实现信贷收益最大化、过长的流程链条造成办理贷款效率低下、信贷授权授信制度重形式轻实质，不利于防范风险。代桂霞（2004）认为目前国内商业银行的信贷管理与业务流程存在着重业务发展、轻风险控制的认识偏差，信贷政策指导缺乏一定的科学性，在信贷管理制度上还需要继续完善等问题，因此国内各商业银行必须进一步完善信贷政策，改革和完善信贷审批运行机制，进一步加强贷后的监督、检查和业务管理，建立信贷业务流程的

---

① 神经网络是模拟人类的形象直觉思维在生物神经网络研究的基础上，根据生物神经元和神经网络的特点，通过简化、归纳、提炼总结出来的一类并行处理网络，利用其非线性映射的思想和并行处理的方法。

主责任人制度，强化信贷人力资源建设。祖梅（2007）认为国内银行在信贷审批方面存在一些制度缺陷，突出表现为：优秀信贷文化的短缺、背离权责对等原则的信贷审批体系、科学有效激励机制的缺位、过长的流程链造成的效率损失等。因此，国内商业银行信贷审批制度应塑造以市场为导向、以客户为中心的信贷文化，建立责权对等的管理组织架构，完善以利益为核心的内部约束激励机制，变革信贷审批作业流程等。南旭光（2008）通过对金融机构中主管信贷审批的高层人员的审批和负责信贷发放的基层人员的支付进行分析，认为在信贷审批中存在高层人员的审批和基层人员的支付两种信贷腐败，揭示了信贷腐败与信贷融资之间的关系。刘懿（2011）分析了传统信贷审批制度的弊端，并就改革信贷审批制度提出了三点对策：垂直管理、简化流程，实施专职审批人制度，建设对等激励约束机制。周伟和殷卫东（2007）认为在商业银行信贷审批工作中，存在审批条件设定不合理、审批条件落实不到位、违规审批等问题，反映出在信贷审批理念、决策标准、流程控制、检查监督等方面有所不足，给经营管理水平和信贷资产质量带来了不利影响。刘青（2012）实证分析了信贷审批制度与不良贷款的关系。基于中国信贷业务的审批制度的情景实验表明：不同审批制度下不良贷款扩散程度存在显著差异；贷审会制度可在一定程度上抑制不良贷款续扩行为。

第三节　银行绩效的研究

早期对商业银行绩效的研究，主要集中在规模经济论和范围经济论两个方面。Huang 和 Wang（2004）实证检验了规模经济论，研究结果表明：对于 20 世纪 80 年代总资产在 100 万—50 亿美元的中等资产规模的银行，规模经济论对其经营产生显著影响；但桑德斯的实证检验表明：范围经济论对银行支出的非有效性影响规模较小，其实用性不如规模经济论强（Saunders，1999）。

近期对商业银行绩效的研究，主要集中在生产效率理论。Yao 等

（2007）等研究指出商业银行的生产效率主要由技术效率、配置效率两部分构成。其中技术效率要求银行在投入一定时产出达到最大，或在产出一定时，投入最小；配置效率是在价格一定的条件下，最优的投入与产出组合。伴随着生产效率理论的发展，莱宾斯坦提出了 X 效率，通过检验最差实际边际值和最优实际边际值的数据集，揭示影响商业银行绩效的决定性因素（Leibenstein，1996）。

Shen（2005）的研究表明，当在银行体系中存在着比较强大的垄断力量时，这种垄断势力将会压制银行体系内部商业银行资本积累，对商业银行的整体绩效造成负面效应。Yao 和 Liu（2008）的研究结论表明，在具有竞争性银行体系的国家中，国民收入水平、商业银行运营效率与盈利能力，均显著高于具有垄断性银行体系国家的国民收入水平、商业银行运营效率与盈利能力。格里戈里杨和马诺莱的研究表明，在进入中国市场时，外资银行初始投入产出效率较本国银行高许多，然而本国银行一旦向市场化和私有化转型，外资银行就会逐渐丧失投入产出效率较本国银行高的优势。孙浦阳（2010）对中国 2001—2007 年 47 家不同所有制银行的绩效，利用面板数据进行实证研究表明，在所有制方面，外资银行、股份制银行和城市商业银行在绩效上比国有商业银行和政策性银行表现得更好一些；而银行自我监督和较高经营效率对提高银行绩效产生积极影响。

关于产业结构对商业银行绩效的影响研究，Berger 和 Mester（1997）分别以利润效率和成本效率作为衡量商业银行绩效的变量，利用美国商业银行业的数据进行实证分析，结果表明，市场力量与利润效率呈正相关，但与成本效率为负相关，表明较高的银行产业市场份额和集中度会使商业银行获得较高的利润。Maudos（1998）的实证研究结果表明，市场集中度与成本效率呈负相关关系，而与利润效率为正相关关系。张健华（2003）、齐树天（2003）、刘塨和宋蔚兰（2004）的研究表明市场集中度越高，银行效率越低。秦宛顺的经验研究发现，市场份额与绩效之间不存在显著的正相关关系。

关于商业银行治理结构对其绩效的影响，已有的研究主要从商业银行的董事会特征、组织结构、实际控制人性质和分配激励制度等方面进行实证分析。Bonin 等（2004）利用转型经济国家的商业银行数据进行实证研究表明，在国家经济转型中，私有化不足以提升商业银行效率，国内私有银行的效率并不显著地高于国有商业银行的效率，外资商业银行拥有较高的成本效率。国内学者赵旭和凌亢（2001）的经验研究表明，激励机制对商业银行的效率有显著作用。张健华（2003）的研究表明，不同的所有权结构对商业银行的效率有显著影响，城市商业银行的效率最低，股份制商业银行的效率最高，国有商业银行效率居于两者之间；激励机制对中国商业银行的效率产生显著影响；而导致城市商业银行效率较低的重要原因之一是内部管理水平不高。刘埰和宋蔚兰（2004）、徐存堪等（2007）的研究表明，中国国有商业银行的成本效率普遍比股份制商业银行低，然而这种成本效率差距，从动态上看，呈不断缩小的趋势。吴栋和周建平（2007）发现，国有法人股对商业银行效率的正面影响是显著的；当第一股东持股比例为58%—74%时，商业银行效率最高。孙月静（2006）指出高管人员的平均薪酬会对商业银行绩效产生显著影响。宋增基等（2007）分别以每股收益率、资产利润率作为衡量商业银行绩效的参数，结果表明，中国商业银行独立董事对其绩效有积极的促进作用，但不明显，董事会席位数和召开董事会的次数，以及独立董事任职年限与商业银行绩效都呈显著的负相关；虽然第一大股东持股比例不会显著影响资产利润率，但会显著影响每股利润。陈潘武（2008）以资产利润率、每股收益率作为变量的研究表明，中国上市商业银行高级管理人员的薪水会对商业银行的绩效存在显著正影响，但高级管理人员持股与商业银行绩效呈显著的负相关；第一和第二大股东持股比例与商业银行绩效呈反向变动。

关于地理环境对商业银行绩效的影响，Berger 和 Mester（1997）发现，地理扩张与商业银行效率相关。张健华（2003）的研究表明，中国城市商业银行的效率也受到地域限制的影响，其中人口、GDP 和财政收入等总量指标与城市商业银行效率呈正相关关系。

第四节 风险承担的研究

与众多的绩效研究相比，有关银行风险承担的研究文献较少。Allen 和 Jagtiani 等（2000）通过创造一个虚拟的全能银行来对商业银行进入证券和保险业务的风险进行检验，结果发现，银行控股公司在从事证券和保险业务后，其总体风险有所下降。Young 和 Roland（2001）分析了美国大型商业银行盈利能力及波动性，研究表明，不断提高的手续费收入活动增加了银行业总体收入的波动性。Adrian 和 Shin（2010）提出了货币政策的收入和估值效应，指出宽松的货币政策会推动资产价格上涨、抵押品价值上升，降低了银行对风险的测度、识别，使银行的筛选项目和监督激励降低、高风险贷款增加、信贷标准放松、风险定价偏低，导致银行调整杠杆和资产负债表，风险上升。Rajan（2005）提出了货币政策的收益搜寻效应，指出因存在长期债务合约的收益率保证、货币幻觉等原因，投资者期望的名义回报率常常具有刚性。一般而言，宽松货币政策会使无风险资产收益率下降，在其他因素一定的条件下，将会降低银行的资产组合收益率。银行为实现刚性的名义收益率，被迫增加对高风险资产的需求，导致银行风险偏好升水。实际收益率与刚性的名义收益率之间的差异越大，金融机构承担风险激励就越强。Delis 和 Kouretas（2011）提出了货币政策的竞争效应，研究表明，实施宽松货币政策使银行的边际利润、存贷利差趋窄，银行业间的竞争更趋激烈。银行迫于竞争压力和实现目标收益率，可能会降低借贷标准，提高风险资产在资产组合中的比例，降低银行特许权价值，提高了银行失败的风险。金融监管的失效和盯住绝对收益率目标的管理者报酬激励计划，也将会增加银行业竞争对风险承担的影响。

国内较有影响力的文献有杜莉和王锋（2002）、王聪和邹朋飞（2003）、刘宗华和邹新月（2004）等，其研究结论基本一致：我国国有商业银行存在较为明显的范围经济，主张银行业采用混合经营的模式。闫彦明（2005）运用相关分析证实了国有商业银行的多元化经营一定程度上分散了风险，股份制银行的多元化反而增大了风险。范香梅、邱兆祥和张晓云（2010）、张雪兰（2011）、周开国和李琳（2010）等发现地域多元化有助于大型商业银行提高收益并降低风险，对中小银行则有不利影响。王擎、吴玮和黄娟（2012）考察了城市商业银行跨区域经营对其风险水平的影响。研究表明，跨区域经营的程度升高，风险水平则显著降低。徐明东和陈学彬（2012）采用 GMM 动态面板估计方法，分析了我国货币政策对银行风险承担产生的影响，验证了货币政策传导的银行风险承担。

第五节　其他相关研究

对于信贷配给形成机制的研究，学者们主要是从非对称信息、逆向选择及道德风险的角度来进行的。姜海军和惠晓峰（2008）建立了竞争和信息非对称条件下，信贷市场的信贷配给均衡模型，模型表明，在为不同的借款人提供由贷款利率和贷款额度组成的相同贷款合同的情况下，信贷市场存在稳定的单合同均衡，信贷市场的均衡在信贷配给点达到，因而从信息非对称和均衡的角度解释了信贷配给现象。顾海峰（2008）对金融市场中信息非对称导致的信贷配给问题进行了深入研究，并进一步在信息非对称下对信贷配给均衡进行分析，认为信息非对称下商业银行对中小企业信贷配给，在信息非对称下可能存在一种局部范围内的非瓦尔拉斯均衡。张小茜等（2007）以 IRR 为判断标准，将企业贷款投资决策视为基于动态利率的等待型实物期权，阐述了贷款触发点和实物期权值，并对企业贷款概率进行测度。研究结果表明，企业的 IRR 为银行贷款利率上限，利率触发点为银行贷款利率下限。银行实行差异化利率可能导致信贷配给，市场化利率有可能不存在。李善民（2008）基于非对称信息下信贷配给理论，研究了信息非对称条件下，道德风险、逆向选择及在解决逆向选择中抵押品的作用机理，研究表明，银行实施信贷配给的根本原因在于商业银行与企业之间存在信息非对称所引发的道德风险和逆向选择。

对于信贷配给的影响因素，刘硕（2012）通过中国不同规模的银行对中小企业信贷审批关注的因素进行实证研究发现，企业资产的盈利性是银行信贷审批的重要决定因素，银行在对中小企业发放贷款时，仍然存在"规模歧视"，另外，相较于四大行，中小银行在进行中小企业信贷审批时，更为看重中小企业的政府背景。

关于信贷配给对宏观经济运行的影响，穆争社（2005）指出，当宏观经济处于衰退阶段时，银行的资本充足率下降，随着信贷环境恶化，企业的信贷可得性降低。在乘数效应和金融加速器的作用下，经济会更加衰退。反之亦然。因此，信贷配给加速了宏观经济的波动。另外的研究表明，中国商业银行的信贷配给的作用主要表现在两个方面：其一，延长了货币政策发挥作用的时滞；其二，自发抑制了宏观经济的波动。

关于信贷配给对货币政策的影响，何茂涛（2006）分析了信贷配给对中国货币政策有效性的影响，其以中国货币政策传导的信贷渠道为基础，通过构建模型研究了商业银行的信贷配给行为，发现商业银行的信贷配给是货币政策无效性的根源，指出若要实现货币政策有效传导，金融市场必须完善、有效，并建立整个社会的信用制度。刘明（2006）通过计量检验，发现信贷配给导致货币政策出现非对称性"阀值效应"，表明信贷配给的强弱程度不一致。

关于政府干预对信贷市场产生的作用，项飞（2005）指出政府对信贷分配的干预是后发国家工业化初期重要的产业政策工具。其研究了后发国家政府干预信贷分配的主要方式和效果，并指出，随着这些国家经济发展阶段的转换，这一产业政策工具的有效性逐步递减。后发国家在逐步减少对金融业的直接干预的同时，应积极发挥政府的作用以解决金融深化过程中的信息问题与道德风险。黄志刚（2009）在信贷市场不完善的条件下，运用多部门一般均衡模型，对市场机制下的低效投资和政府对信贷市场干预的影响研究表明，自由市场无法保证资金有效配置的重要原因是部门间的信贷条件不平衡。这样的市场失灵，不仅会使投资效率、经济增长率下降，而且还可能导致"信贷陷阱"。若通过政府干预，能够有效降低不平衡的部门间的信贷条件，提高投资效率，使经济增长率也随之上升；若通过政府干预，不是降低不平衡的部门间的信贷条件，而是加剧了部门间不平衡的信贷条件，将会使投资效率下降，经济增长率也随之下降。

关于农户和中小企业面临的信贷配给问题，朱喜和李子奈（2006）采用联立离散选择模型从实证角度考察了我国农村正式金融机构向农户提供信贷服务时的配给行为。研究表明，中国农户有一半以上因存在信贷配给而无法获得正式机构的贷款，导致农村信贷配给的重要原因是信息非对称及政府干预。张龙耀和江春（2011）通过对中国农村金融市场中非价格信贷配给的理论和实证研究表明，农村利率市场化改革以来，农村金融机构并没有将灵活的利率差异化管理作为弥补潜在贷款损失的手段。王霄和张捷（2003）构建了理论模型来研究信贷配给与中小企业贷款之间的关系，发现在信贷配给中被排除在外的主要是企业资产规模达不到银行所提出的临界抵押品价值的部分高风险企业、中小企业。刘瑞（2012）基于信贷配给理论研究了中小企业融资问题，认为有三方面的原因导致中小企业贷款难：一是对利率过度限制，利率市场化改革滞后；二是在信息非对称下，信贷配给导致中小企业贷款的"麦克米伦缺口"变大；三是中小企业的融资过度依赖商业银行的贷款。

关于消除或减轻信贷配给的治理方法，叶谦（2006）研究了非对称信息下的均衡信贷配给生成机制，并从契约设计与激励机制的建立这个角度着重研究了消除或减轻信贷配给双重治理方法。李善民（2008）基于信贷配给理论，根据中国的实际，提出要从关系型融资、征信制度、中小企业信用担保体系三个主要方面来解决信贷配给问题。王静等（2011）运用非线性突变理论，证明了在单一市场下，信贷配给问题难以得到缓解。

国内学者还对银行信贷资金投放是否产生"金融歧视"问题进行

了思考（郭鹏飞和孙培源，2003；孙铮等，2005；卢峰和姚洋，2004；顾乃康和杨涛，2004；张军和金煜，2005；方军雄，2007）。顾乃康和杨涛（2004）的研究表明，企业管理层持股比例和国有股权占比与资产负债率呈正相关，企业股权结构对资本结构产生影响。方军雄（2007）利用国有工业企业和"三资"工业企业的分行业统计数据，考察了银行信贷资金是否存在所有制金融歧视的现象及市场化进程和政府干预对两者关系的影响。

第六节　文献评述

综合上述文献可以发现，国内外的研究鲜有基于新制度经济学、法与金融视角并利用中国样本来探讨制度环境如何影响银行信贷行为进而影响银行的绩效。在对信贷问题的研究中，国内学者大多将贷款决策者简单地视为一个独立的"银行中介机构"，往往只注重研究贷款决策者所面临的关于潜在融资企业的非对称信息，而将社会经济制度、银行和企业治理结构、贷款规则和惯例等可能影响贷款决策的重要内生变量，排除在分析之外。近期，法与金融的前沿研究认为，保护履约和保护财产权的法律体系对金融发展具有积极作用，并对政府行为与金融发展及增长之间关系进行研究。少数的研究虽然考虑到了司法对银行信贷行为的影响，却没有考虑到转型过程中政府的重要角色，这对于研究转型经济的效率是不完整的（LLSV，1998；Glaeser等，2004；Allen等，2005）。对金融市场化过程来说，政府行为能起到促进或者保护市场的作用（Blanchard 和 Shleifer，2001；陈冬华等，2008；张杰，2008）。对经济转型期的中国而言，如果忽略政府在其中的影响，就不可能有效解释我国金融市场化过程中法治与金融发展及增长的关系，也就不能给经济政策的制定提供有效的帮助。事实上，处于经济转型期的中国由于受计划经济体制惯性的影响，政府在经济运行中控制的资源最多，对信贷市场具有很强的干预和控制能力（陈钊等，2008）。

　　国外的研究表明了从新制度经济学、法与金融的新政治经济学分析角度出发研究信贷决策的必要性和重要性。但是，现有的研究大都不以中国信贷市场的实际情况为出发点，这使研究结论大都与西方发达国家相似，而难以解释中国转轨经济中出现的特有的信贷配给现象。本书认为，国外研究的制度背景和市场条件，即约束条件，与我国存在很大差异，且并未深入结合中国的制度背景尤其是与中国制度背景相结合的政府干预行为，其结论很难直接适用于中国。就国内的研究来看，还主要是针对政府干预行为是否在某些特定时期对银行信贷行为产生影响，主要停留在对此问题简单实证是否存在、是否有特殊作用层面，而对中国在深层次背后产生这些政府干预影响银行信贷行为的约束条件挖掘不深，且在分析法治水平、政府干预、制度环境与银行信贷行为的关系时，没有厘清因果逻辑关系，更没有比较与分析不同的制度环境在特定约束条件下对银行绩效的影响。

第三章　银行信贷决策的理论分析

从信贷市场的实践来看，在利率市场化条件下，我国商业银行贷款利率定价主要选择"成本相加法"作为参考模型。贷款定价遵循的基本原则是：首先，由中央银行根据市场手段来决定基准利率；其次，各商业银行以基准利率为底线，设定贷款利率下限和上限，其中下限的设定旨在防止商业银行间的恶性竞争从而影响银行业的稳定[1]，上限的设定目前随着利率市场化进程的不断深入已逐步放开，以增强商业银行对不同规模、不同风险特征企业贷款的灵活性。

从金融理论来看，商业银行对融资企业的贷款定价就是非对称信息下的一个经典的"信贷配给"问题。在信息非对称的信贷市场中，贷款利率是如何决定的？贷款利率又受到哪些因素的影响？这是商业银行资本管理中一个重要的基础性研究问题。

本章利用泰勒尔（2006）的存在事后非对称信息的外部融资分析框架和不完全实施的合约环境构建了一个理论模型，研究商业银行和融资企业之间如何设计次优的贷款合约，并且考察合约和制度环境如何影响商业银行的贷款利率。我们的基本思路是：首先，贷款利率由宏观经济的一般均衡决定，合约和制度环境影响贷款合约，其中贷款合约由商业银行和融资企业之间的讨价还价决定。我们不仅从理论上求解了均衡和进行了比较静态分析，我们还进行了数值模拟计算。

---

[1]　利率下限设定的通常做法是：以历史财务数据为基础，计算出银行平均筹资成本率、平均贷款费用率；在考虑目标利润、风险溢价、客户折让等市场供给相关因素的基础上，以利率加点的形式最终形成贷款利率。

第一节　基本假设

本章采用存在事后非对称信息的外部融资分析框架来分析商业银行和企业之间的贷款合约。基本思想是：自有资产不足的企业家进行一项风险投资，必须要向银行借钱；一旦企业获得贷款资金，其经营者会采取不负责、不努力工作的道德风险行为；企业家和银行之间的非对称信息博弈及讨价还价能力决定了最优贷款合约，从而有效地解决了借款者的道德风险行为。基本假设有：

A_1：参与者：企业家①和银行，其中企业家组成一个测度为1的连续统。

A_2：每一个企业家都有一个风险投资项目②，项目需要固定投资 I，其中第0期投资，第1期获得投资收益。

A_3：企业家之间通过初始资产或净资产 A 的大小来区分③。其中净资产 A 服从区间 $[0, I]$ 上连续分布，累积概率分布函数和密度函数分别为 $G(A)$ 和 $g(A)$。

A_4：拥有初始资产 A 的代表性企业家为了实施项目，必须向银行融资 $I - A$。

A_5：项目投资具有风险，如果实施，可能会成功，也可能会失败。成功时项目产生的收入为 R，失败时不产生任何收入④。

A_6：项目成功的概率受到企业家工作努力程度的影响，但企业家

---

① 这里假设企业家是贷款企业唯一的所有者和管理者。

② 投资规模是外生给定的，这是本模型的一个关键假设。文献中称本章的基本模型为固定投资模型（fixed - investment model）。

③ 企业家的初始资产或净资产是现金或者流动性很好的证券，是一个代表企业家资金实力的指标。其他一些指标也可以作为企业家实力的代理变量，但不改变分析结果。

④ 收入服从两点分布是最简单的情形。更一般的假设应服从连续分布。

的工作努力程度是不可观察的[①]。当企业家尽职时，项目成功的概率为 $p_H \in (0,1)$，企业家没有私人收益；当企业家卸责时[②]，项目成功的概率为 $p_L \in (0,1)$，企业家获得私人收益 B。其中 $B > 0$，$\Delta p = p_H - p_L > 0$。

A_7：企业家是风险中性的[③]；银行是风险中性的。

A_8：企业家受到有限责任的保护[④]。

A_9：借贷市场是完全竞争的[⑤]。

A_{10}：企业家具有讨价还价能力，其提出一个"银行要么接受、要么拒绝"的融资契约。

A_{11}：如果企业家尽职，项目具有正的净现值。即

$$p_H R - (1 + r)I > 0$$

A_{12}：如果企业家卸责，即使包括企业家的私人收益，项目仍具有负的净现值。即

$$p_L R - (1 + r)I + B < 0$$

A_{13}：贷款利率的计算公式为

$$r = r_f(1 + k)$$

---

① 这里的假设表明项目受到管理者道德风险的约束。实际上，我们还可以把此假设理解为管理者可以选择项目成功概率比较高的项目，也可以选择成功概率低但是他比较喜欢的项目（易于实施、将来能为企业家派生更多副产品、对朋友有利、产生在职消费等）。总之，道德风险是指管理者采取的降低投资者价值的行动。本模型中的道德风险强调的是利润降低。从数学上看，是从一阶随机占优的角度而言的。事实上，道德风险还有另外一种处理方式。Stiglitz 和 Weiss（1981）考虑了管理者与企业家之间签订标准的债务契约，其中道德风险表现为投资者无法观测到企业家所选择的项目风险，因此企业家可能会有激励以牺牲预期利润为代价去选择风险非常高的项目。

② 卸责表明企业家在本职工作上投入太少精力而把主要精力用于其他与项目无关或关系很少的活动。

③ 这一假设更多地表明企业家是法人，而不是自然人。事实上，在考虑自然人的时候，假设企业家为风险厌恶者较为合适。

④ 此假设保证了企业家的收入不可能为负。

⑤ 其背后隐含的经济含义是：其一，借贷市场存在很多银行为了贷款给企业家而相互竞争。如果最有吸引力的贷款合同产生正的利润，那么借者可以转向另外的银行，提出稍微低一些的利率。其二，一般而言，银行的数量是复数。

其中：r_f 表示市场化的权威基准利率[①]，k 是银行的浮动幅度。浮动幅度由借款期限、担保方式、行业种类、风险程度、信用等级、资产负债率、客户综合贡献度等因素确定，由银行自主确定，可以对不同企业或不同授信实行差别定价。

A_{14}：企业家可以将利润中的一部分加以转移而不会受到任何惩罚。不妨设银行的名义收益索取权有概率 $e \in (0,1)$ 被实施，有概率 $1 - e$ 被剥夺。

A_{15}：企业家抵押的资产数量 C 是连续变量。即

$$0 \leqslant C \leqslant C_{max}$$

其中：C_{max} 是企业家能抵押的资产上限。

A_{16}：担保品是企业家已有的财产，与项目无关[②]。

A_{17}：当且仅当项目失败时，银行以概率 $\hat{e} \in (0,1)$ 获得担保品。

A_{18}：银行获得担保品时，对担保品的评价为 βC，其中[③]$\beta \in (0,1)$。

A_{19}：设

$$(1 - e)R \geqslant \frac{B}{\Delta p}$$

A_{20}：政府对借贷市场的影响或干预表示为政府设置诸如《破产法》《投资者权益保护法》等在内的合约环境及政策导向 e 和 $\hat{e}$。其中 e 提高表示收益权的实施力度增强，$\hat{e}$ 提高表示抵押物的实施力度增强[④]。

---

① 现阶段主要以 Shibor 作为基准利率。

② 例如，担保品是企业家的住宅或者是其他公司的股份。

③ 信贷配给的大多数文献都强调，资产对银行的价值要比对企业家更低（Bester，1985，1987；Besanko 和 Thakor，1987；Chan 和 Kanatas，1985）。例如，把抵押品留置权（Lien）签订进融资合约、违约时抵押资产并将资产出售给第三方等过程中，可能存在事前或者事后的交易成本（撰写文档的成本、经纪人的费用、税费或者司法成本），不同国家的法庭，其效率和诚信也不同。在司法程序中，缓慢的审判过程及不确定投资者可以拿到担保品的多大一部分的事实，使投资者要对担保品的价值打个折扣，这就降低了企业家筹集资金的能力。因此，即使企业家成功获得了融资，它也有损资产的价值。

④ 随着我国市场经济的不断发展，政府对银行的直接干预不断减少。但是，政府影响金融生态环境的问题依然突出。为了解决就业、税收和完成 GDP 考核，地方政府对银行信贷投放普遍存在不同程度的干预，地方政府不仅是不可忽视的信贷资金需求者，还积极介入资金配置过程，希望银行支持地方经济发展。

A_{21}：利息收入是商业银行的主营业务，商业银行借助贷款利率提升利润率。衡量利润率的主要绩效指标有 ROA（税前利润/总资产）、ROE（税前利润/总权益资本）等指标。设银行的绩效是贷款利率的增函数①，即

$$JE = f(r, \cdot)$$

其中：$\partial f / \partial r > 0$。

第二节　模型

不妨设企业家和银行之间签订如下的贷款合约：企业家需要抵押数量为 C 的已有资产，银行提供外部融资；在项目成功时企业家和银行各获得名义收益 R_b 和 $R_1 = R - R_b$，并且担保品归企业家，其中银行的名义收益索取权有概率 $e \in (0, 1)$ 被实施，有概率 $1 - e$ 被剥夺。在项目失败时，企业家和银行各获得 0，其中银行以概率 $\hat{e}$ 获得担保品。

不妨将上述贷款合约记为

$$C：[C;(R_b, 0);(R - R_b, 0)]$$

企业家和银行之间的贷款合约 C 的设计旨在激励企业家尽职工作。在企业家努力工作时，企业家和银行从借款合约 C 中获得的收益结构如图 3-1 所示。根据图 3-1，企业家从贷款合约 C 中获得的期望收益为

$$p_H[eR_b + (1 - e)R] - (1 - p_H)\hat{e}C$$

银行从贷款合约 C 中获得的期望收益为

$$p_H e(R - R_b) + (1 - p_H)\hat{e}\beta C$$

考虑到企业家具有议价权，因此非对称信息下企业家和银行之间的贷款合约为下列最优化问题的解：

---

① 商业银行的收入结构分为利息收入和非利息收入。虽然从 2003 年开始，非利息收入逐年提高，但是相比利息收入，中国银行业的非利息收入规模较小。国内现有的一些实证研究证实，利息收入增加改善了商业银行绩效，非利息收入则未能改善绩效。

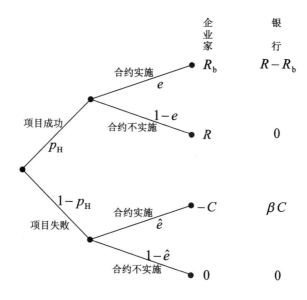

图 3-1 企业家努力时的收益结构

$$\begin{cases} \max_{R_b \geq 0, C \geq 0} p_H[eR_b + (1-e)R] - (1-p_H)\hat{e}C - (1+r)A \\ s.t. \; (1) \, p_H[eR_b + (1-e)R] - (1-p_H)\hat{e}C \\ \qquad \geq p_L[eR_b + (1-e)R] - (1-p_L)\hat{e}C + B \\ (2) \, p_H e(R - R_b) + (1-p_H)\hat{e}\beta C \geq (1+r)(I-A) \end{cases}$$

$$(3-1)$$

其中：约束条件（1）是企业家的激励相容约束条件（Incentive Compatibility Constraint），表明企业家从尽职中获得的期望收益超过卸责中获得的期望收益。激励相容约束条件成立能确保企业家在事后不会采取机会主义行为，选择的行动恰好就是银行所希望的努力工作。激励相容约束条件可以化简为

$$\Delta p_H[eR_b + (1-e)R + \hat{e}C] \geq B$$

约束条件（2）是银行的参与约束条件（Participation Constraint）或者个人理性约束条件（Individual Rationality Constraint），表明银行从接受贷款合约中获得的期望收益不能小于其拒绝贷款合约时能得到的保留收益。目标函数为企业家根据贷款合约获得的期望净收益。

由已知条件 $(1-e)R \geq B/\Delta p$ 可知，对任意的 $R_{\mathrm{b}} \in [0, +\infty)$，若 $C \in [0, +\infty)$，则最优化问题（3-1）中的激励相容约束条件（1）始终成立。考虑到资本市场是竞争性的，因此最优化问题（3-1）可以重新表述为：

$$\begin{cases} \max\limits_{R_{\mathrm{b}} \geq 0, C \geq 0} p_{\mathrm{H}}R - (1+r)I - (1-p_{\mathrm{H}})(1-\beta)\hat{e}C \\ s.t.\ (1)\Delta p[eR_{\mathrm{b}} + (1-e)R + \hat{e}C] \geq B \\ \quad\ (2)p_{\mathrm{H}}e(R - R_{\mathrm{b}}) + (1-p_{\mathrm{H}})\hat{e}\beta C \geq (1+r)(I-A) \end{cases} \quad (3-2)$$

在模型（3-2）中，同时满足激励相容约束条件（1）和参与约束条件（2）的所有解称为"可行贷款合约集"。最优化问题（3-2）表明企业家需要从可行契约集中找出一个使自己获得最大利益的贷款合约。

最优化问题（3-2）的解是信息非对称条件下满足银行参与约束和企业家激励相容约束且使社会剩余达到最大的贷款合约，在文献中称为次优贷款合约（Second Best Loan Contract）。这是一种约束的帕累托最优解。

下面讨论最优化问题（3-2）的解。我们分三种情况讨论，分别表述为命题3-1至命题3-3。

命题3-1：当 $A \geq \bar{A}(e,r)$ 时，次优贷款合约为

$$C^*(A) = 0; R_{\mathrm{b}}^* = R - \frac{(1+r)(I-A)}{p_{\mathrm{H}}e}$$

其中：

$$\bar{A}(e,r) = I - \frac{p_{\mathrm{H}}eR}{1+r}$$

证：如图3-2所示，在最优化问题（3-2）中，激励相容约束条件由半空间 H_1 确定：

$$H_1 = \{(R_{\mathrm{b}}, C) \mid eR_{\mathrm{b}} + \hat{e}C \geq B/\Delta p - (1-e)R\}$$

参与约束条件由半空间 H_2 确定：

$$H_2 = \{(R_{\mathrm{b}}, C) \mid ep_{\mathrm{H}}R_{\mathrm{b}} - \hat{e}(1-p_{\mathrm{H}})\beta C \leq (1+r)A - (1+r)\bar{A}(e,r)\}$$

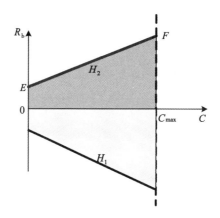

图 3 - 2　资金实力强企业的贷款合约

可行贷款合约集由半空间 H_1 和半空间 H_2 的交集确定。根据零利润条件，次优贷款合约位于直线 EF 上。注意到，最优化问题（3 - 2）的目标函数表明 C 越小，企业家的福利越大，故次优贷款合约为 E 点①。注意到 E 点的横坐标为零，故企业家最优的资产抵押数量为

$$C^*(A) = 0$$

将 $C^*(A) = 0$ 代入银行的参与约束，得企业家的名义收益索取权为

$$R_{\mathrm{b}}^* = \frac{(1 + r)\left[A - \bar{A}(e, r)\right]}{p_{\mathrm{H}} e} = R - \frac{(1 + r)(I - A)}{p_{\mathrm{H}} e}$$

命题 3 - 1 表明：

第一，在收益权不完全实施的信贷环境中，无须提供抵押物就获得银行贷款的融资企业其自有资本必然存在一个临界水平 $\bar{A}(e, r)$：高于这一临界水平，企业可以成功地以无抵押方式获取银行贷款；反之，低于这一临界水平，企业不能以无抵押方式获取银行贷款。

第二，即使收益权是不完全实施的，资金实力强的企业家也可以以无抵押方式获取银行贷款。

命题 3 - 2：当 $A \in \left[A(e, \dot{e}, \beta, r), \bar{A}(e, r)\right)$ 时，次优贷款合约为

---

① 当时，E 点的纵坐标为正。

$$R_b^* = 0 ; C^*(A;e,\hat{e},\beta) = \frac{(1+r)(I-A) - p_H eR}{(1-p_H)\hat{e}\beta}$$

其中：

$$A(e,\hat{e},\beta,r) = \bar{A}(e,r) - \frac{1}{1+r}(1-p_H)\hat{e}\beta C_{max}$$

证：如图 3 - 3 所示，次优贷款合约位于直线 EF 上，并且当 $A <$ $\bar{A}(e,r)$ 时，直线 EF 的纵截距为负。注意到，一方面，最优化问题（3 - 2）的目标函数表明 C 越小，企业家的福利越大；另一方面，企业家受到有限责任的保护，即 $R_b \geq 0$。因此，次优贷款合约为 E 点。即

$$R_b^* = 0 ; C^*(A;e,\hat{e},\beta) = \frac{(1+r)[\bar{A}(e,r) - A] - p_H eR}{(1-p_H)\hat{e}\beta}$$

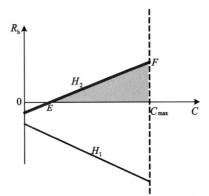

图 3 - 3　资金实力中等企业的贷款合约

上述求解要求 $C^*(A;e,\hat{e},\beta) \leqslant C_{max}$ 或者 $A \geqslant A(e,\hat{e},\beta,r)$。其中①

---

① 事实上，容易验证：

$$C^*(A;e,\hat{e},\beta) \leqslant C_{max} \Leftrightarrow \frac{(1+r)(I-A) - p_H eR}{(1-p_H)\hat{e}\beta} \leqslant C_{max}$$

$$\Rightarrow \quad (1+r)\bar{A}(e,r) - (1+r)A \leqslant (1-p_H)\hat{e}\beta C_{max}$$

$$\Rightarrow \quad (1+r)A \geqslant (1+r)\bar{A}(e,r) - (1-p_H)\hat{e}\beta C_{max}$$

$$\Rightarrow \quad A \geqslant A(e,\hat{e},\beta,r)$$

$$p_{\mathrm{H}}eR + (1 - p_{\mathrm{H}})\dot{e}\beta C_{\max} = I - A(e,\dot{e},\beta,r)$$

命题 3 - 2 表明：

第一，在收益权、抵押权不完全实施及征收抵押品存在交易成本的条件下，资金实力低于 $\bar{A}(e,r)$ 的不能以无抵押方式获取银行贷款的企业其自有资本必然存在一个临界水平 $A(e,\dot{e},\beta,r)$：高于这一临界水平，企业可以成功地以抵押方式获取银行贷款；反之，低于这一临界水平，企业不能以抵押方式获取银行贷款。

第二，对于资金实力处于中等的企业家而言，收益权的抵押比资产抵押更划算。其首先抵押全部收益权，然后再抵押部分资产。

命题 3 - 3：当 $A < A(e,\dot{e},\beta,r)$ 时，次优贷款合约不存在，发生信贷配给现象。

证：如图 3 - 4 所示，当 $A < A(e,\dot{e},\beta,r)$ 时，次优贷款合约要求的抵押品数量超过企业家的抵押品资产上限。故次优贷款合约不存在。

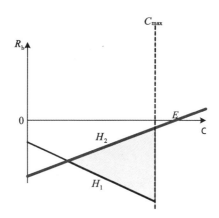

图 3 - 4　次优贷款合约不存在

命题 3 - 3 揭示了非对称信息的资本市场中的一个常见的信贷配给现象。即对那些资金实力弱的中小企业而言，即使其具有一些正净现值的投资项目，也不会获得银行的贷款，究其本质原因是中小企业规模及资金实力的内生约束。

综合命题 3 - 1 至命题 3 - 3，企业家和银行之间签订的贷款合约形式与企业家的资金实力强弱有关（见图 3－5）。从图 3－5 中可以看出，资金实力强的企业无须诉求抵押就可以"便宜"地获得银行贷款；资金实力中等的企业则是以抵押的方式"昂贵"地获得银行贷款；资金实力较弱的企业则无法获得银行贷款。

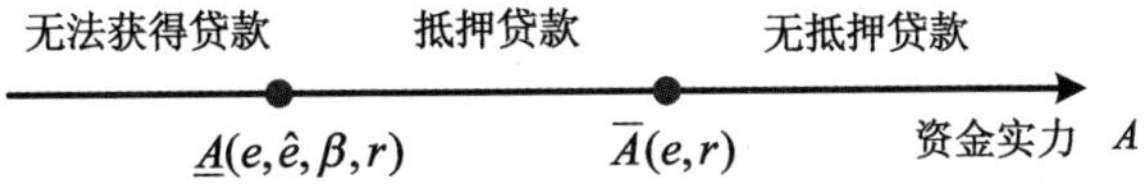

无法获得贷款　　　抵押贷款　　　无抵押贷款

$$\underline{A}(e,\hat{e},\beta,r) \qquad \overline{A}(e,r) \qquad 资金实力 \quad A$$

图 3－5　资金实力与贷款合约形式

第三节　信贷环境对信贷审批的影响

信贷环境主要包括信息环境、法律环境、社会环境、规制环境、不同规模、不同所有制、不同国别、不同竞争程度等金融结构，其中法律制度是信贷环境的主要构成要素。本章中的信贷环境指收益权的实施程度、抵押权的实施程度和法庭的执行效率。其中信贷环境的恶化主要表现在三个方面：第一，企业和商业银行之间的贷款合约违约概率普遍提高，表现为商业银行的收益权被实施的可能性 e 降低；第二，银行在项目投资失败的情况下很难征收企业的抵押物或全部财产，表现为抵押物的实施力度 $\hat{e}$ 变弱；第三，法律的执行效率差，银行在企业违约时征收抵押品存在较高的交易成本，表现为抵押品对银行的价值远比对企业家低，即 β 值较少。

推论 3－1：收益权的实施程度越弱，获得贷款的企业越少；抵押权的实施程度越弱，获得贷款的企业越少；法律的执行效率越低，获得贷款的企业越少。即

$$\frac{\partial A(e,\hat{e},\beta,r)}{\partial e} < 0; \quad \frac{\partial A(e,\hat{e},\beta,r)}{\partial \hat{e}} < 0; \quad \frac{\partial A(e,\hat{e},\beta,r)}{\partial \beta} < 0$$

推论 3－1 揭示了信贷环境的变化对信贷审批的影响，表明随着信贷环境的恶化，企业越难获得银行贷款，信贷配给现象更严重。因此，对处于转轨经济和制度环境不完善的中国而言，缓解商业银

行信贷配给的一条可行措施就是加强中小企业与银行之间的融资信息沟通，设立全国性的信用担保体系或信用担保基金，改善信贷环境。

推论 3 - 2：对那些需要进行担保抵押的企业而言，收益权的实施程度越弱，抵押的担保品越多；抵押权的实施程度越弱，抵押的担保品越多；法律的执行效率越低，抵押的担保品越多。即

$$\frac{\partial C^*(A;e,\hat{e},\beta)}{\partial e} < 0; \frac{\partial C^*(A;e,\hat{e},\beta)}{\partial \hat{e}} < 0; \frac{\partial C^*(A;e,\hat{e},\beta)}{\partial \beta} < 0$$

证：容易验证

$$\frac{\partial C^*(A;e,\hat{e},\beta)}{\partial e} = -\frac{p_H R}{(1-p_H)\hat{e}\beta} < 0$$

$$\frac{\partial C^*(A;e,\hat{e},\beta)}{\partial \hat{e}} = -\frac{(1+r)[\bar{A}(e,r)-A]}{(1-p_H)\hat{e}^2\beta} < 0$$

$$\frac{\partial C^*(A;e,\hat{e},\beta)}{\partial \beta} = -\frac{(1+r)[\bar{A}(e,r)-A]}{(1-p_H)\hat{e}\beta^2} < 0$$

推论 3 - 3：对那些需要进行担保抵押的企业而言，资金实力越弱，需要抵押的担保品越多。即当 $A \in [\underline{A}(e,\hat{e},\beta,r), \bar{A}(e,r))$ 时，有

$$\frac{\partial C^*(A;e,\hat{e},\beta)}{\partial A} < 0$$

证：事实上，资金实力弱的企业的最优担保品数量可重新表述为

$$C^*(A;e,\hat{e},\beta) = \frac{(1+r)[\bar{A}(e,r)-A]}{(1-p_H)\hat{e}\beta}$$

故

$$\frac{\partial C^*(A;e,\hat{e},\beta)}{\partial A} = -\frac{1+r}{(1-p_H)\hat{e}\beta} < 0$$

资金实力较弱的企业家可以从收入索取权和资产索取权的强实施中获益，因为强实施使他们能够获得融资或者减少为吸引银行而进行的抵押担保。然而，一旦融资获得成功，注意到由于抵押了过多的收入或资产，资金较弱的企业家会极力提倡放松实施。

图 3 - 6 显示了收入索取权实施力对银行和资产抵押的影响。从

图 3 - 6 可以看出，当企业家转移利润存在困难（即 e 增加）时，资金来源会更广，并且抵押担保数量会减少。因此，收益权的强实施可以提高净现值。一些在合约弱实施下因无法提供足够抵押品而未能获得外部融资的企业家将会由于合约实施力的提高而获益。

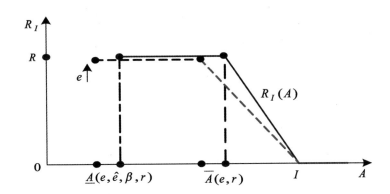

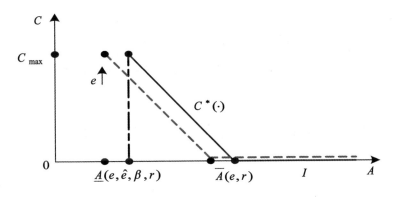

图 3 - 6　收入索取权实施力对贷款合约和资产抵押的影响

图 3 - 7 显示了资产索取权实施力对银行和资产抵押的影响。从图 3 - 7 可以看出，当法庭和法律保证银行更容易没收抵押资产（即 $\hat{e}$ 增加）时，企业家获得资金的渠道更为广泛，融资更为有利。相反，在已经获得融资的条件下，资产索取权实施水平的变化对净现值没有影响。这是由于与净现值和可保证收入相关的是被没收的抵押品的期望数额 $\hat{e}C$。

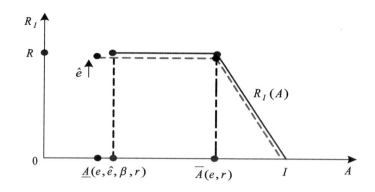

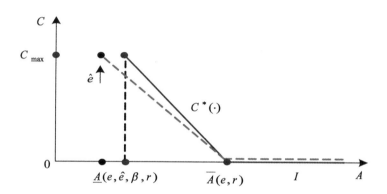

图 3-7 资产索取权实施力对贷款合约和资产抵押的影响

第四节 均衡贷款利率的确定

一 储蓄函数

从微观层面来研究贷款合约时，一般假定贷款利率是外生的。这种处理并不失一般性。但是，一旦从宏观框架上来分析公司金融问题，贷款利率是外生的这种假设就显得不太合理①，我们需要从资本市场均衡的角度来考察贷款利率的内生决定。其中均衡贷款利率的决

---

① 如果在某一固定利率水平下（例如，世界金融市场利率）储蓄函数具有完全弹性，利率可以认为是外生的。

定之基础是储蓄函数。

考虑一个借款和还款的简单故事：普通投资者在第 0 期借款给银行，并要求银行在第 1 期还款。不妨设普通投资者的跨期效用函数为[①]

$$u(c_0, c_1) = u(c_0) + c_1$$

其中：c_0 和 c_1 分别表示投资者在第 0 期和第 1 期的消费数量，$u(\cdot)$ 为递增的凹函数。普通投资者的消费函数和储蓄函数由以下的最优化问题决定：

$$\begin{cases} \max_{c_0, c_1} u(c_0) + c_1 \\ s.t.\ c_0 + c_1/(1 + r) \leqslant y \end{cases} \quad (3-3)$$

其中：y 为第 0 期的收入；r 表示利率。约束条件是跨期预算约束，表明一生消费现值不超过一生收入现值。注意到约束条件是紧的，故最优化问题（3-3）等价于：

$$\max_{c_0} u(c_0) + (1 + r)(y - c_0)$$

一阶最优条件为[②]

$$u'(c_0^*(r)) = 1 + r \quad (3-4)$$

其中：$c_0^*(r)$ 表示利率 r 下普通投资者在第 0 期的最优消费数量。由于 $u(\cdot)$ 是凹函数，故根据一阶最优条件得

$$u''(c_0^*(r)) \frac{dc_0^*(r)}{dr} = 1 \Rightarrow \frac{dc_0^*(r)}{dr} < 0 \quad (3-5)$$

因此，普通投资者在第 0 期的最优消费会随利率的上升而下降。

定义 3-1：储蓄函数（Saving Function）

普通投资者的储蓄等于期初收入减去期初消费。即

$$S(r) = y - c_0^*(r)$$

命题 3-4：储蓄函数 $S(\cdot)$ 是利率 r 的增函数。即

---

① 采用这种拟线性形式是由于普通投资者关于时期 1 的报酬是风险中性的，从而利率不影响时期 1 的消费。

② 此处考虑了内点均衡。事实上，内点均衡要求的条件为

$$u'(0) > 1 + r > u'(y)$$

$$\frac{\mathrm{d}S(r)}{\mathrm{d}r} > 0$$

证：根据储蓄函数的定义及式（3 - 5），有

$$\frac{\mathrm{d}S(r)}{\mathrm{d}r} = - \frac{\mathrm{d}C_0^*(r)}{\mathrm{d}r} > 0$$

因此，储蓄函数 $S(\cdot)$ 是利率 r 的增函数。

上述推理表明，储蓄函数是由普通投资者的跨期效用最大化推出的。需要指出的是，储蓄函数是利率的增函数并不是一个一般性的结论，是在一些严格假设条件下得出来。由于利率上升具有替代效应和收入效应，储蓄与利率之间的关系极其复杂，可能具有递增、不变和递减关系[①]。如果利率由"国际利率"外生给定，或者普通投资者具有线性的跨期效用函数 $c_0 + c_1/(1 + r)$，那么储蓄函数是完全弹性的。

二 净投资函数

在既定的信贷环境 $(e, \hat{e}, \beta)$ 和利率 r 下，企业界的净投资等于所有企业家的净投资之和。即

[①]　事实上，考虑如下的跨期效用最大化问题：

$$\begin{cases} \max_{c_0, c_1} c_0^{1-\theta}/(1 - \theta) + \beta c_1^{1-\theta}/(1 - \theta) \\ s.\,t.\ c_0 + c_1/(1 + r) = y \end{cases}$$

那么，第 0 期的最优消费为

$$c_0^*(r) = \frac{(1/\beta)^{1/\theta}}{(1/\beta)^{1/\theta} + (1 + r)^{(1-\theta)/\theta}}$$

从而储蓄函数为

$$S(r) = y - c_0^*(r) = \frac{(1 + r)^{(1-\theta)/\theta}}{(1/\beta)^{1/\theta} + (1 + r)^{(1-\theta)/\theta}}$$

当且仅当 $(1 + r)^{(1-\theta)/\theta}$ 随 r 递增时，储蓄才随 r 递增。注意到 $(1 + r)^{(1-\theta)/\theta}$ 对 r 的导数为

$$[(1 - \theta)/\theta](1 + r)^{(1-2\theta)/\theta}$$

因此，当 $\theta < 1$ 时，$S(r)$ 随 r 递增；当 $\theta > 1$ 时，$S(r)$ 随 r 递减；当 $\theta = 1$ 时，储蓄 $S(r)$ 与利率 r 无关。

$$I(r;e,\hat{e},\beta) = \int_{\underline{A}(e,\hat{e},\beta,r)}^{I} (I - A)\,\mathrm{d}G(A) - \int_{0}^{\underline{A}(e,\hat{e},\beta,r)} A\,\mathrm{d}G(A)$$

$$= [1 - G(\underline{A}(e,\hat{e},\beta,r))]I - A^{e}$$

其中：$A^{e} = \int_{0}^{I} A\,\mathrm{d}G(A)$。$A^{e}$ 表示企业界的平均财富，且关于企业界的净投资 $I(r;e,\hat{e},\beta)$ 的性质，我们有如下的命题。

命题 3 – 5：在既定的信贷环境 $(e,\hat{e},\beta)$ 下，企业界的净投资函数 $I(r;e,\hat{e},\beta)$ 是 r 的减函数。即

$$\frac{\partial I(r;e,\hat{e},\beta)}{\partial r} < 0$$

证：由于

$$\frac{\partial \underline{A}(e,\hat{e},\beta,r)}{\partial r} = \frac{1}{(1+r)^{2}}[p_{\mathrm{H}}eR + (1 - p_{\mathrm{H}})\hat{e}\beta C_{\max}] > 0$$

故

$$\frac{\partial I(r;e,\hat{e},\beta)}{\partial r} = -g(\underline{A}(e,\hat{e},\beta,r))I \times \frac{\partial \underline{A}(e,\hat{e},\beta,r)}{\partial r} < 0$$

净投资 $I(r;\cdot)$ 与利率 r 之间具有一种反方向变动关系，其背后的机理是信贷配给。事实上，随着利率 r 增加，获得贷款的企业家减少，更多的资产实力弱的企业家无法投资具有正净现值的风险项目，因此企业界的净投资减少。

命题 3 – 6：在既定的利率 r 下，企业界的净投资函数 $I(r;e,\hat{e},\beta)$ 是 e 的增函数。即

$$\frac{\partial I(r;e,\hat{e},\beta)}{\partial e} > 0$$

证：由于

$$\frac{\partial \underline{A}(e,\hat{e},\beta,r)}{\partial e} < 0$$

故

$$\frac{\partial I(r;e,\hat{e},\beta)}{\partial e} = -g(\underline{A}(e,\hat{e},\beta,r))I \times \frac{\partial \underline{A}(e,\hat{e},\beta,r)}{\partial e} > 0$$

命题 3 - 7：在既定的利率 r 下，企业界的净投资函数 $I(r;e,\hat{e},\beta)$ 是 $\hat{e}$ 的增函数。即

$$\frac{\partial I(r;e,\hat{e},\beta)}{\partial \hat{e}} > 0$$

证：由于

$$\frac{\partial A(e,\hat{e},\beta,r)}{\partial \hat{e}} < 0$$

故

$$\frac{\partial I(r;e,\hat{e},\beta)}{\partial \hat{e}} = -g(A(e,\hat{e},\beta,r))I \times \frac{\partial A(e,\hat{e},\beta,r)}{\partial \hat{e}} > 0$$

命题 3 - 8：在既定的利率 r 下，企业界的净投资函数 $I(r;e,\hat{e},\beta)$ 是 β 的增函数。即

$$\frac{\partial I(r;e,\hat{e},\beta)}{\partial \beta} > 0$$

证：由于

$$\frac{\partial A(e,\hat{e},\beta,r)}{\partial \beta} < 0$$

故

$$\frac{\partial I(r;e,\hat{e},\beta)}{\partial \beta} = -g(A(e,\hat{e},\beta,r))I \times \frac{\partial A(e,\hat{e},\beta,r)}{\partial \beta} > 0$$

三 均衡贷款利率

当企业界的净投资 $I(r;e,\hat{e},\beta)$ 等于普通投资者的总储蓄时，资本市场达到均衡。因此，根据资本市场出清条件（market clearing condition），资本市场的均衡贷款利率 $r^*(e,\hat{e},\beta)$ 满足下列方程

$$S(r) = I(r;e,\hat{e},\beta) \tag{3-6}$$

第五节 信贷环境对贷款利率的影响

利用均衡方程（3-6）及隐函数求导法则，我们就可以分析出信

贷环境变化对均衡贷款利率的影响，比较静态分析的结论归纳为如下的一些命题。

命题 3 – 9：给定其他条件不变，随着收益权实施程度 e 的提高，资本市场的均衡贷款利率 $r^*(e,\hat{e},\beta)$ 增加。即

$$\frac{\partial r^*(e,\hat{e},\beta)}{\partial e} > 0$$

证：在均衡方程（3 – 6）的两边关于 e 求微分，得

$$S'(r^*(e,\hat{e},\beta)) \times \frac{\partial r^*(e,\hat{e},\beta)}{\partial e} = \frac{\partial I(r^*(e,\hat{e},\beta);e,\hat{e},\beta)}{\partial r} + $$

$$\frac{\partial I(r^*(e,\hat{e},\beta);e,\hat{e},\beta)}{\partial r} \times \frac{\partial r^*(e,\hat{e},\beta)}{\partial e}$$

故

$$\frac{\partial r^*(e,\hat{e},\beta)}{\partial e} = \frac{\partial I(r^*(e,\hat{e},\beta);e,\hat{e},\beta)/\partial e}{S'(r^*(e,\hat{e},\beta)) - \partial I(r^*(e,\hat{e},\beta);e,\hat{e},\beta)/\partial r}$$

在上述微分表达式中，分母的符号严格为正；分子的符号严格为正。因此

$$\frac{\partial r^*(e,\hat{e},\beta)}{\partial e} > 0$$

如图 3 – 8 所示，均衡利率由企业界的净投资曲线和储蓄曲线的交点 E 确定。当合约实施水平提高时，储蓄曲线 $S(r)$ 不变，企业界的净投资曲线 $I(r;e,\hat{e},\beta)$ 向右上方移动，因此均衡利率由新的净投资曲线和储蓄曲线的交点 E' 确定。显然，$r^*(e,\hat{e},\beta)$ 随着合约实施水平 e 的提高而提高[①]。

命题 3 – 10：给定其他条件不变，随着抵押权实施程度 $\hat{e}$ 的提高，资本市场的均衡贷款利率 $r^*(e,\hat{e},\beta)$ 增加。即

$$\frac{\partial r^*(e,\hat{e},\beta)}{\partial \hat{e}} > 0$$

证：在均衡方程（3 – 6）的两边关于 $\hat{e}$ 求微分，得

$$S'(r^*(e,\hat{e},\beta)) \times \frac{\partial r^*(e,\hat{e},\beta)}{\partial \hat{e}} = \frac{\partial I(r^*(e,\hat{e},\beta);e,\hat{e},\beta)}{\partial \hat{e}} + $$

---

① 因为有更多的企业获得了融资。

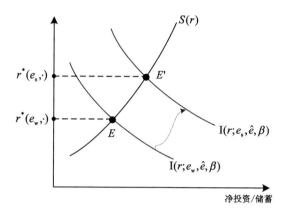

图 3 - 8   均衡利率的形成

$$\frac{\partial I(r^*(e,\hat{e},\beta);e,\hat{e},\beta)}{\partial r} \times \frac{\partial r^*(e,\hat{e},\beta)}{\partial \hat{e}}$$

故

$$\frac{\partial r^*(e,\hat{e},\beta)}{\partial \hat{e}} = \frac{\partial I(r^*(e,\hat{e},\beta);e,\hat{e},\beta)/\partial \hat{e}}{S'(r^*(e,\hat{e},\beta)) - \partial I(r^*(e,\hat{e},\beta);e,\hat{e},\beta)/\partial r}$$

在上述微分表达式中，分母的符号严格为正；分子的符号严格为正。因此

$$\frac{\partial r^*(e,\hat{e},\beta)}{\partial \hat{e}} > 0$$

命题 3 - 11：给定其他条件不变，随着法律执行效率 β 的提高，资本市场的均衡贷款利率 $r^*(e,\hat{e},\beta)$ 增加。即

$$\frac{\partial r^*(e,\hat{e},\beta)}{\partial \beta} > 0$$

证：在均衡方程（3 - 6）的两边关于 β 求微分，得

$$S'(r^*(e,\hat{e},\beta)) \times \frac{\partial r^*(e,\hat{e},\beta)}{\partial \beta} = \frac{\partial I(r^*(e,\hat{e},\beta);e,\hat{e},\beta)}{\partial \beta} +$$

$$\frac{\partial I(r^*(e,\hat{e},\beta);e,\hat{e},\beta)}{\partial r} \times \frac{\partial r^*(e,\hat{e},\beta)}{\partial \beta}$$

故

$$\frac{\partial r^*(e,\hat{e},\beta)}{\partial \beta} = \frac{\partial I(r^*(e,\hat{e},\beta);e,\hat{e},\beta)/\partial \beta}{S'(r^*(e,\hat{e},\beta)) - \partial I(r^*(e,\hat{e},\beta);e,\hat{e},\beta)/\partial r}$$

在上述微分表达式中，分母的符号严格为正；分子的符号严格为正。因此

$$\frac{\partial r^*(e,\hat{e},\beta)}{\partial \beta} > 0$$

第六节　信贷环境对银行绩效的影响

利用绩效与贷款利率的关系及贷款利率与信贷环境的关系，我们就可以分析出信贷环境变化对银行绩效的影响，比较静态分析的结论归纳为如下的一些命题。

命题 3 - 12：给定其他条件不变，随着收益权实施程度 e 的提高，银行的绩效增加。即

$$\frac{\partial JE}{\partial e} > 0$$

证：

$$\frac{\partial JE}{\partial e} = \frac{\partial JE}{\partial r} \times \frac{\partial r^*(e,\hat{e},\beta)}{\partial e} = \frac{\partial f}{\partial r} \times \frac{\partial r^*(e,\hat{e},\beta)}{\partial e} > 0$$

命题 3 - 13：给定其他条件不变，随着抵押权实施程度 $\hat{e}$ 的提高，银行的绩效增加。即

$$\frac{\partial JE}{\partial \hat{e}} > 0$$

证：

$$\frac{\partial JE}{\partial \hat{e}} = \frac{\partial JE}{\partial r} \times \frac{\partial r^*(e,\hat{e},\beta)}{\partial \hat{e}} = \frac{\partial f}{\partial r} \times \frac{\partial r^*(e,\hat{e},\beta)}{\partial \hat{e}} > 0$$

命题 3 - 14：给定其他条件不变，随着法律执行效率 β 的提高，银行的绩效增加。即

$$\frac{\partial JE}{\partial \beta} > 0$$

证：

$$\frac{\partial JE}{\partial \beta} = \frac{\partial JE}{\partial r} \times \frac{\partial r^*(e,\hat{e},\beta)}{\partial \beta} = \frac{\partial f}{\partial r} \times \frac{\partial r^*(e,\hat{e},\beta)}{\partial \beta} > 0$$

命题 3 - 12、命题 3 - 13 和命题 3 - 14 表明，信贷环境的改善通过提高贷款利率最终使银行的绩效在一定范围内增加。事实上，在区域市场化程度和金融市场化程度较高的地区，政府对银行的限制和干预较少，银行可以在金融资源的配置中充分发挥竞争要素和市场机制的作用，扩大资金供给和需求主体的选择空间，从而提高经营管理水平，增加银行收益。此外，良好的法律执行体系也是银行正常运作的有力保障。因此，一个制度环境较为健全的市场保证了银行金融资产的有效配置，确保了银行业运行的较高绩效。

为了更加直观地显示制度环境变化对均衡贷款利率的影响，我们模拟计算了 $p_H = 0.8$，$p_L = 0.4$，$B = 0.1$，$R = 1.5$，$I = 1$，$C_{max} = 1$，$A—U[0,1]$，$S(r) = 80r$ 时经济中的贷款利率水平。表 3 - 1 显示了模拟计算结果①。从表 3 - 1 可以看出：贷款利率在所有情况都大于零；随着制度环境的改善，贷款利率增加。

表 3 - 1   **信贷环境与均衡贷款利率**

β	e	$\hat{e}$	r^*（‰）
0.9	0.4	0.9	1.761
0.9	0.5	0.9	3.244
0.9	0.6	0.9	4.723
0.9	0.7	0.9	6.198
0.9	0.8	0.9	7.668
0.9	0.8	0.1	5.903
0.9	0.8	0.3	6.345
0.9	0.8	0.5	6.787
0.9	0.8	0.7	7.228
0.9	0.8	0.9	7.668
0.1	0.8	0.9	5.903
0.3	0.8	0.9	6.345
0.5	0.8	0.9	6.787
0.7	0.8	0.9	7.228
0.9	0.8	0.9	7.668

---

① 表 3 - 1 中均衡利率单位为‰。

第七节 小结

本章在求解出商业银行和企业之间的次优贷款合约的基础上，利用比较静态分析方法主要讨论了三个方面的理论问题：信贷环境对贷款审批的影响、信贷环境对贷款利率的影响及信贷环境对银行绩效的影响。

首先，在信息非对称的信贷市场中，次优贷款合约是商业银行和企业进行讨价还价博弈的均衡结果，其中次优贷款合约的形式与企业家的资金实力强弱有关：对资金实力强的企业而言，其可以"便宜"地获得银行贷款；对资金中等实力的企业而言，其只能以抵押其他资产的方式"昂贵"地获得银行贷款；对企业实力弱的企业而言，其不能获得银行贷款。中小企业融资难是信息非对称的资本市场中一个常见的不可避免的信贷配给现象。

其次，信贷环境的恶化导致企业获得贷款的资产临界值提高，表明企业获得贷款的难度增加，信贷配给现象更容易出现。

最后，均衡的贷款利率由信贷市场的"净投资等于储蓄"的市场出清条件决定。在储蓄函数斜率为正的基本假设下，信贷环境的改善以增加净投资的内在机理最终提高贷款利率。考虑到贷款利率收入是商业银行利润的最重要组成部分，商业银行的绩效是贷款利率的增函数，因而随着信贷环境的改善，绩效增加。

第四章　信贷决策的影响因素

本章以商业银行的信贷微观数据为样本，从实证角度考察信贷决策的影响因素，着重检验政府干预、产权如何影响商业的信贷审批及贷款利率。

第一节　研究假设

法律、政府干预、所有权属性等制度因素对商业银行的信贷决策具有重要的影响。

首先，法和经济学指出，法律是信贷市场发展的一个重要因素，健全的法律制度和完善的司法体系能够有效地保护债权人利益，降低银行贷款风险，从而有助于企业获得更多的银行贷款（Porta 等，1997；Mitton，2008）。另有学者的研究表明，司法的执行效率比法律条文对银行信贷行为的影响更为重要，尤其对转型国家表现突出（Jappelli 等，2005）。

其次，法和经济学研究的一个隐含假定是经济活动不受政府的干预。事实上，政府干预经济活动的现象广泛存在于许多国家，特别是存在于转型经济体。Berglof 和 Bolton（2002）的研究表明，在经济转型过程中，大量的信贷资金被配置到生产效率低下的国有企业，而具有活力的新兴企业则非常缺乏信贷支持。地方政府通过干预银行的信贷决策为辖区内的国有企业提供优惠贷款。银行信贷资金过多地投放于国有企业，即所有制"金融歧视"现象普遍存在，这种干预活动往往破坏了缔结贷款合约的信贷环境，导致银行坏账及无效率的资源配置。孙铮等（2005）指出，政府干预一般降低了贷款合约的执行成本，保证贷款合约的顺利签订，从而使那些具有"政治关系"的企业在较弱的法律环境下依然能够获得银行贷款。方军雄（2007）的经验研究发现，在政府干预下，稀缺的信贷资金往往被配置于受政府庇护的企业，这将损害那些具有效率但缺乏政治资源的企业。

最后，所有权性质是影响银行信贷决策的另一个重要因素。克里根（2002）指出，所有权影响信贷决策的公正性和客观性，而信贷决策的公正性和客观性对银行体系的安全和稳定又是至关重要的。相对于国有企业而言，民营企业较难从具有国有背景的商业银行筹集到资金，或者为了获得银行贷款不得不支付更高的成本。Ge 和 Qiu（2007）的实证研究表明，与国有企业相比，民营企业从银行获取贷款的难度更大，同时获取贷款的数额也更少，银行对民营企业往往采用更高的信用标准。廖秀梅（2007）在研究会计信息的信贷决策有用性时也发现，所有权性质不同的企业其财务指标的信贷决策有用性存在很大差异，民营上市公司一般要遭受信贷歧视。然而，冯晓雷等（2013）的研究却认为，中国银行业并不存在对民营企业的信贷歧视，民营企业贷款难的问题不应简单归结为国有企业对信贷资源的垄断，银行在信贷决策过程中更加关注的是企业的还款能力等硬性指标。

在中国，商业银行的信贷决策经常受到政府的干预。在 2000 年之前，政府与银行的关系十分密切，产生大量的政府关联贷款和很多坏账呆账。2000 年之后，国内银行业进行了市场化改革，国有银行进行了股份制改造，银行不再成为政府的提款机。但是，政府破坏金融生态环境的问题依然突出。作为完成 GDP 任务的辖区内的国有企业，更容易受到政府的干预。政府通过税收优惠、财政补贴等手段降低企业违约的可能性，间接影响企业从银行获得贷款，或者直接影响银行的信贷决策，帮助企业获得贷款。甚至是，地方政府通过协助、纵容或者默许辖区内国有企业的"逃债""废债"行为来间接争夺信贷资产。因此，具有政治关系的国有企业更普遍得到银行低廉的信贷资金（林毅夫等，2005）。

产业政策指导是政府间接干预经济的一种形式，由国家发改委制定实施，其旨在加快转变经济增长方式，推动产业结构调整和优化升级，完善和发展现代产业体系。国家产业政策对企业的经营活动产生一定的影响作用，也影响到银行的信贷决策，即可能最终反映在企业的信贷审批与贷款利率定价水平中。

关于国家产业政策指导在银行贷款决策过程中是否发挥着指导性的作用及其影响效果如何，本章首先提出了国家重点支持类企业、一般支持类企业和限制类企业在银行信贷决策中所反映出的差异性。本章提出国家产业政策与信贷配给、贷款定价关系的两个基本假设：

假设 H_1（信贷配给假设）：所处国家不同产业政策类别的企业，获得银行贷款审批的能力不同，其中国家重点支持类的企业相比一般支持类的企业更容易获得贷款，而一般支持类企业相比限制类的企业更容易获得贷款。

基于假设 H_1 的阐述，一个企业能否获得贷款，与其所处的国家产业政策类别有关。相比较而言，如果企业属于国家重点支持类的产业类别，则相对更容易获得贷款；如果企业属于限制类的产业类别，相对更难获得银行贷款。因此，信贷配给现象更容易发生于处于国家限制类产业类别的企业。

假设 H_2（贷款定价假设）：所处国家不同产业政策类别的企业，在获得银行贷款时的贷款利率水平存在差异，其中国家重点支持类的企业比一般支持类的企业获得的贷款利率更低；一般支持类企业比限制类的企业获得的贷款利率更低。

基于假设 H_2 的观点，一个企业获得贷款的利率水平，受其所处的国家产业政策类别的影响。相比较而言，如果企业属于国家重点支持类的产业类别，则相对获得更低利率水平的贷款；如果企业属于限制类的产业类别，则相对获得更高利率水平的银行贷款。因此，银行的贷款定价的高低受到国家产业政策指导的影响。

第二节　研究设计

一　样本选择和数据来源

本章使用的数据主要来自广东省 2013 年商业银行信贷审批的微观资料、香港理工大学与深圳国泰安信息技术有限公司联合开发的数据库查询系统。我们手工收集了银行贷款审批报告所披露的每笔贷款的期限、贷款利率、贷款企业的属性、贷款企业的相关财务比率、贷款企业的信用评级、每笔贷款的获得方式（指企业是以抵押、担保、信用等哪种方式获得贷款）。在收集银行贷款的微观数据样本中，我们删除了资料不全的样本和异常数据的样本，共获得有效样本414 份，其中包括获得银行贷款的299 份数据样本，115 份未获得银行贷款的数据样本。

二　研究变量的定义

（一）信贷配给与贷款定价（因变量）的测度

信贷配给变量：企业能否通过银行的贷款审批，即能否获得银行贷款，以 brt_dummy 表示。当获得银行贷款时，$brt\_dummy = 1$；否则，$brt\_dummy = 0$。

贷款定价变量：企业获得银行贷款时的利率大小。以符号 brt 表示，单位是‰。

（二）国家产业政策（自变量）的表征

按照国家产业政策指导目录，本章将企业分为国家重点支持类、一般支持类和限制类[①]。虚拟变量1：$loanitem\_dummy1$，表征是否重

---

　　① 重点支持类包括地区重大建设项目和预备项目、新一代信息技术产业、高端装备制造产业、新能源产业、节能环保产业、新能源汽车、新材料产业、生物产业、农贸市场、专业市场、批发零售业、本地龙头房地产企业的住房项目；一般支持类包括农、林、牧、渔业、农副产品加工业、供水、物流、运输及仓储业、通信设备制造业、水利、环境和公共设施、化学原料及化学制品、教育业、民办医院等；限制和禁止类包括水泥、钢铁、高耗能、高污染、高碳排放行业。

点支持类（是，即为 1）；虚拟变量 2：*loanitem_ dummy2*，表征是否一般支持类（是，即为 1）。

（三）本书的相关控制变量

1. 盈利能力

企业的盈利能力是企业未来现金流量的能力指标。已有的研究表明，公司的盈利能力与银行贷款利率之间呈显著的正相关关系；当企业经营不善时，银行会考虑选择缩短贷款期限、增加抵押、提高利率等苛刻的贷款条件（胡奕明等，2006，2007）。本章分别选择了总资产收益率（*roa*）和净资产收益率（*roe*）作为衡量企业盈利能力的指标。

2. 企业规模

命题 3 – 1、命题 3 – 2 和命题 3 – 3 表明，企业规模越大，贷款风险越小，企业越容易获得贷款，且贷款利率也越低。本章分别选用企业总资产的自然对数（*asize*）和企业雇员人数的自然对数（*lemplo*）作为企业规模的衡量指标。

3. 负债水平

企业的负债水平过高时，一旦企业破产，银行很可能无法收回贷款。一般而言，资产负债率（*lev*）高的企业所面临的贷款定价通常会比较高，贷款审批也会更难通过。

4. 股权结构

本章选用所有权属性和第一大股东持股比例两个指标来衡量股权结构。不同的所有权属性和不同的大股东持股比例通常会影响或者反映出具有差异性的公司治理水平，进而影响到银行的信贷决策。

5. 担保方式

一旦企业破产或者出现现金流中断，银行将可能无法按时收回贷款。企业的不同担保方式将为银行面临信贷风险提供一定的担保，不同的担保方式具有不同程度的担保能力和水平。推论 3 – 1 表明，担保方式的不同对信贷审批和贷款利率会产生不同的影响。本章考察固定抵押、第三方担保及部分抵押与第三方担保结合的方式对信贷决策的影响。

6. 贷款规模和贷款期限

贷款规模和贷款期限是影响银行信贷决策的重要考察指标。本章选用企业申请的贷款总额的自然对数来衡量企业贷款规模（$lsize$），贷款期限（$term$）以年来度量。

7. 信用评价

信用评价反映了企业的风险水平，是银行进行信贷决策的重要考察指标。本章选用企业的历史信用记录和企业的信用评级两个指标来表征企业的信用评价。

本章在研究所有权和产业政策指导对银行贷款政策的影响时，分别从盈利能力、企业规模、财务杠杆、贷款规模和期限及其担保方式、信用评价七个方面进行控制。因此，本章所涉及的自变量包括企业规模、盈利能力、资产负债率、贷款规模、贷款期限、担保方式、信用记录、信用评级[①]等。

相关研究变量的具体定义如表 4 - 1 所示。表 4 - 1 显示了本章的自变量和控制变量的相关信息。$ownship$、$owncon$、$loanitem\_dummy1$、$loanitem\_dummy2$ 均为自变量，分别反映所有权性质和国家产业政策的影响。roa、roe 反映企业的盈利能力，$asize$ 反映企业的资产规模，$lemplo$ 反映企业的雇员规模，lev 反映企业的负债水平，$lsize$ 是企业的贷款规模，$term$ 表示贷款年限，$guaranty\_dummy1$ 和 $guaranty\_dummy2$ 表示企业贷款担保方式的虚拟变量，$crehistory$ 和 $crerating$ 分别表示企业的信用历史记录和信用评级，这些变量均为控制变量。

表 4 - 1　　　　　　　　　　研究变量的定义

变量类型	变量符号	变量名称	变量含义
因变量	brt_dummy	信贷配给变量	信贷配给虚拟变量，若企业获得银行贷款，则 $brt\_dummy = 1$，否则取值为 0
	brt	贷款定价变量	企业获得的银行贷款的利率水平（‰）

---

① 信用记录分为优秀、较优秀、良好、较良好和差五个级别，分别赋值 10 分、8 分、6 分、4 分和 2 分。

变量类型	变量符号	变量名称	变量含义
自变量	*loanitem_ dummy*1、*loanitem_ dummy*2	企业所属的产业政策类别	企业所属的产业政策类别虚拟变量。申请到款的企业在国家产业政策指导中所处类别，分为重点支持类、一般支持类和限制类。虚拟变量 1：*loanitem_ dummy*1，表征是否重点支持类（是，即为 1）；虚拟变量 2：*loanitem_ dummy*2，表征是否一般支持类（是，即为 1）
控制变量	*ownship*	所有权属性	所有权虚拟变量。其中 *ownship* = 1 表示国有或集体所有；否则，*ownship* = 0
	owncon	第一大股东持股比例	第一大股东持股比例占全部股份的比例（%）
	roa	总资产收益率	总资产收益率 = 净利润/总资产，反映企业盈利能力
	roe	净资产收益率	净资产收益率 = 净利润/所有者权益，反映企业盈利能力
	asize	企业资产规模	总资产（万元）的自然对数，反映企业规模
	lemplo	雇员规模	企业雇员人数的自然对数，反映企业雇员规模
	lev	资产负债率	资产负债率 = 负债/总资产，反映企业财务杠杆
	lsize	贷款规模	贷款规模 = 企业申请贷款额度的自然对数
	term	贷款期限	贷款期限（年）
	*guaranty_ dummy*1、*guaranty_ dummy*2	担保方式虚拟变量	担保方式分抵押、综合和第三方。抵押表示贷款时仅仅以固定资产作为抵押；第三方表示以第三方作为担保；综合表示贷款时既有部分的固定资产作抵押，也有第三方的担保。由于有三种状态类型，需要设定两个虚拟变量。具体来说，虚拟变量 1：*guaranty_ dummy*1，表征是否抵押（是，即为 1）；虚拟变量 2：*guaranty_ dummy*2，表征是否综合（是，即为 1）
	crehistory	企业信用历史记录	贷款企业的历史信用记录评分
	crerating	企业信用评级	贷款企业的信用评级

三　研究变量的描述性统计

本章的描述性统计分别对获得贷款的数据样本 A 和未获得贷款的数据样本 B 进行展开，表 4 - 2 给出了两个数据样本的数值变量的描述性统计及两个样本均值差异性检验的结果，表 4 - 3 给出了两个数据样本的虚拟变量的描述性统计及两个样本中虚拟变量属性取值频率是否相等的检验结果。因此，表 4 - 2 和表 4 - 3 揭示了数据样本的描述性统计结果及两个样本中各个变量的取值差异。

表 4 - 2　　　　　　　　　数值变量的描述性统计与 t 检验

变量名	获得贷款企业样本 A			未获得贷款企业样本 B			两组样本的 t 检验
	均值	最小值	最大值	均值	最小值	最大值	
brt	5. 95	2. 40	7. 57				
owncon	0. 7347	0. 1250	1. 0000	0. 7083	0. 1800	1. 0000	0. 9421
roa	0. 0794	− 0. 0318	0. 8103	0. 0732	0. 0000	0. 7376	0. 5052
roe	0. 1370	− 0. 0907	1. 1575	0. 1129	0. 0000	1. 0444	1. 4058
asize	9. 890	2. 303	13. 761	9. 088	4. 293	12. 159	6. 2838 ***
lemplo	4. 367	1. 099	8. 006	4. 311	1. 609	7. 170	0. 523
lev	40. 24	0. 00	77. 64	34. 47	0. 06	87. 00	3. 1381 ***
lsize	8. 011	5. 298	11. 225	7. 446	4. 605	9. 616	5. 8074 ***
term	2. 608	0. 500	9. 000	2. 250	0. 500	8. 000	1. 6682
crehistory	9. 013	4. 000	10. 000	7. 983	4. 000	10. 000	7. 2213 ***
crerating	7. 886	4. 000	10. 000	8. 174	4. 000	10. 000	− 1. 3428

注：*** 表示在 1% 的显著性水平上显著。

从表 4 - 2 可以看出：

第一，在获得贷款数据样本变量的描述性统计结果中，获得贷款数据样本数量为 299 个，企业的银行贷款利率的平均值达到 5. 95‰，而最大值高达 7. 57‰，最小值为 2. 40‰；贷款期限的平均值为 2. 6 年，最长的期限为 9 年，最短期限仅为半年。从股权结构来看，第一大股东持股比例的平均值达到 73. 47%，最大值高达 100%，最小值仅为 12. 50%。从企业的盈利能力来看，总资产收益率的平均值为

0.0794，净资产收益率的平均值为 0.1370；从企业的规模来看，总资产的平均值为 197432 万元，企业雇员人数的平均值为 78 人。从企业的负债和信用记录来看，资产负债率的平均值为 40.24%，信用记录平均为良好以上。

第二，在未获得贷款数据样本变量的描述性统计结果中，未获得贷款数据样本数量为 115 个，企业贷款期限的平均值为 2.25 年，最长的期限为 8 年，最短期限仅为半年。从股权结构来看，第一大股东持股比例的平均值达到 70.83%，最大值高达 100%，最小值仅为 18%。从企业的盈利能力来看，总资产收益率的平均值为 0.0732，净资产收益率的平均值为 0.1129；从企业的规模来看，总资产的平均值为 8848.471 万元，企业雇员人数的平均值为 74 人。从企业的负债和信用记录来看，资产负债率的平均值为 34.47%，信用记录平均为良好以上。

第三，从两个样本的均值是否相等的 t 统计检验结果看，在企业资产规模（$asize$）、资产负债率（lev）、贷款规模（$lsize$）、信用历史记录（$crehistory$）几个方面两个样本的均值存在显著性的差异。在所有权集中度（$owncon$）、企业盈利能力（roa、roe）、雇员规模（$lemplo$）、贷款期限（$term$）、信用评分（$crerating$）等方面两个样本的均值并不存在统计显著性差异。

表 4 - 3　　　　　　　　　虚拟变量的描述性统计与检验

虚拟变量名	获得贷款企业样本 A		未获贷款企业样本 B		两组样本的 Fisher 精确检验 p 值
	size（=0）	size（=1）	size（=0）	size（=1）	
$brt\_ dummy$	0	299	115	0	0.0000 ***
$ownship$	229	70	89	26	0.8973
$loanitem\_ dummy1$	253	46	112	3	0.0001 ***
$loanitem\_ dummy2$	97	202	34	81	0.6374
$guaranty\_ dummy1$	155	144	91	24	0.0000 ***
$guaranty\_ dummy2$	219	80	53	62	0.0000 ***

注：*** 表示在 1% 的显著性水平上显著。

从表4-3可以看出，获得贷款的企业数目为299家，未获得贷款的企业数目为115家，分别构成了数据样本A和数据样本B。在获得银行贷款的数据样本A中，国有或者集体性质的企业数目为70家，其他所有权性质企业为229家，在未获得银行贷款的数据样本B中，国有或者集体性质的企业数目为26家，其他所有权性质企业为89家，两个样本的Fisher精确检验p值为0.8973，意味着数据样本A和B中所有权属性并没有显著性差异。虚拟变量loanitem_ dummy1的描述性统计结果表明，在获得银行贷款的数据样本A中，符合国家产业政策指导的重点支持类企业为46家，而在未获得银行贷款的数据样本B中，符合国家产业政策指导的重点支持类企业仅为3家，相应的Fisher精确检验p值为0.0001，两个样本中重点支持类企业样本出现的频率存在着显著性差异。而这一差异在虚拟变量loanitem_ dummy2（一般支持类企业的虚拟变量）中并不存在，一般支持类企业虚拟变量loanitem_ dummy2的Fisher精确检验p值为0.6374。虚拟变量guaranty_ dummy1的描述性统计结果表明，在获得银行贷款的数据样本A中，以抵押方式作担保的企业为144家，以综合方式或者第三方担保的为155家，在未获得银行贷款的数据样本中，以抵押方式作担保的企业为24家，以综合方式或者第三方担保的为91家，两个样本的Fisher精确检验p值为0.0000，意味着在两个样本中以抵押作为担保方式出现的频率存在着显著性差异。这一差异也体现在以综合作为担保方式的虚拟变量guaranty_ dummy2中，相应的检验也是统计显著的。

四 研究变量的相关性分析

表4-4和表4-5显示了获得贷款企业和未获得贷款企业的数值变量的Spearman和Pearson相关性检验结果。

从表4-4的检验结果可以发现，对获得银行贷款的企业而言，贷款利率与贷款期限的Pearson相关系数为0.1932，Spearman相关系数为0.2093，均在1%的显著性水平上具有显著正相关关系，可以初步认为贷款期限越长，贷款利率越高。贷款利率与企业的信用记录的 Pearson 相关系数为 -0.1430，Spearman 相关系数为 -0.1913，分别在5%、1%的显著性水平上具有显著负相关关系，表明企业的信用记录越好，贷款利率越低。贷款利率与企业资产规模的 Pearson 相关系数为 -0.1550，Spearman 相关系数为 -0.1913，均在1%的显著性水平上呈现出显著负相关关系，初步表明企业的规模越大，贷款利率越低。贷款利率与企业雇员规模的 Pearson 相关系数为 -0.1168，Spearman 相关系数为 -0.1433，均在5%的显著性水平上呈现出显著负相关关系，初步表明企业的雇员规模越大，贷款利率越低。贷款利率与企业的净资产收益率在5%的显著性水平上呈现出显著负相关关系，表明随着企业净资产收益率提高，企业的自有资金相对充足，企业对银行的贷款需求减少，银行贷款利率只能下浮。贷款利率虽然与贷款规模、第一大股东股权、信用评级等负相关，但并不显著。

从表4-5可以看出，对于未获得贷款的企业而言，反映企业盈利能力的两个变量 roa 与 roe 存在着高度相关关系，其 Pearson 相关系数为0.9117，Spearman 相关系数为0.9518，均在1%的显著性水平上具有显著正相关关系，这一相关系数关系在表4-4中也是成立的。企业资产负债率与企业规模、企业信用历史记录与企业规模的 Pearson 相关系数分别为0.3291、0.2853，Spearman 相关系数为0.3482、0.3289，均在1%的显著性水平上具有显著正相关关系，表明企业规模越大，企业资产负债率会越高及企业的信用历史记录也是越好的，这一相关系数关系在表4-4中也是成立的。因此，表4-5和表4-4中都反映相关自变量和控制变量之间的相关关系，比如反映企业盈利能力的 roa 与 roe 存在着高度相关关系，应该避免同时出现在线性回归方程中以造成多重共线性问题。

表4-4　　　获得贷款的数据样本 A 中数值变量的相关系数矩阵

	brt	owncon	roa	roe	asize	lemplo	lev	lsize	term	crehistory	crerating
brt		-0.0091	-0.0751	-0.1121	-0.2125 **	-0.1433 *	-0.1139 *	-0.0736	0.2093 **	-0.1913 **	-0.0132
owncon	-0.0243		-0.0284	-0.0084	0.1532 *	0.1031	0.0810	0.0721	0.0116	0.0770	-0.1137 *

续表

	brt	owncon	roa	roe	asize	lemplo	lev	lsize	term	crehistory	crerating
roa	-0.0785	0.0570		0.9475**	-0.2280**	-0.0372	-0.1871**	-0.0891	-0.0454	0.1034	0.3379**
roe	-0.1302*	0.0414	0.9373**		-0.1788**	-0.0102	0.0793	-0.0639	-0.0068	0.1403*	0.2991**
asize	-0.1550**	0.1711**	-0.1954**	-0.1412*		0.3801**	0.2125**	0.3327**	0.0267	0.3539**	-0.0680
lemplo	-0.1168	0.0960	-0.0878	-0.0550	0.4093**		0.0887	0.1026	-0.0241	0.1812**	0.1206*
lev	-0.1144*	0.0743	-0.1434*	0.0982	0.2353**	0.1128		0.1536**	0.1068	0.2121**	-0.1640**
lsize	-0.0492	0.0418	-0.1001	-0.0604	0.2889**	0.1018	0.1468**		0.1959**	0.3036**	-0.1063
term	0.1932**	-0.0248	-0.0687	-0.0358	0.0540	-0.0196	0.0570	0.2341**		0.1131	-0.0315
crehistory	-0.1430*	0.0648	0.1018	0.1543**	0.2516**	0.1383*	0.1927**	0.2101**	0.0904		-0.0218
crerating	-0.0236	-0.0707	0.1946**	0.1813**	-0.0490	0.1200*	-0.1380*	-0.1187*	-0.0430	0.0054	

注：＊表示在 5% 的显著性水平上显著，＊＊表示在 1% 的显著性水平上显著，上三角输出变量的 Spearman 相关系数，下三角输出变量的 Pearson 相关系数。

表 4 - 5　　未获得贷款的数据样本 B 中数值变量的相关系数矩阵

	owncon	roa	roe	asize	lemplo	Lev	lsize	term	crehistory	crerating
owncon		-0.1723	-0.1250	0.1056	0.0748	0.1775	0.0795	-0.0481	0.0953	-0.0255
roa	-0.1857*		0.9518**	-0.1199	0.1418	-0.2736**	-0.0121	0.0069	-0.0405	0.1865*
roe	-0.1055	0.9117**		-0.0240	0.1048	-0.0237	0.0121	0.1022	0.0048	0.0885
asize	0.1293	-0.3681**	-0.2027*		0.2075*	0.3482**	0.2277*	0.0615	0.3289**	-0.0281
lemplo	0.0558	0.0059	0.0011	0.1910*		-0.0952	-0.1247	-0.1617	-0.0933	0.3316**
lev	0.2010*	-0.1784	0.0331	0.3291**	-0.0764		0.1074	0.2668**	0.2105*	-0.3034**
lsize	0.0740	0.0261	0.0378	0.1469	-0.0955	0.0081		0.1312	0.2449**	-0.1812*
term	-0.0548	0.0893	0.0853	0.0428	-0.1958*	0.1666	0.1762		0.0498	-0.1493
crehistory	0.1057	-0.0305	0.0350	0.2853**	-0.1026	0.2108*	0.1745	0.0094		-0.1901
crerating	-0.0343	0.0337	-0.0179	-0.0174	0.3090**	-0.2935**	-0.1267	-0.1697	-0.2286*	

注：＊表示在 5% 的显著性水平上显著，＊＊表示在 1% 的显著性水平上显著，上三角输出变量的 Spearman 相关系数，下三角输出变量的 Pearson 相关系数。

第三节　贷款定价的基本普通最小二乘回归分析

本节对获得贷款的数据样本 A 直接进行普通最小二乘回归

（OLS）分析，以探讨获得银行贷款利率的决定因素，着重考察所有权和产业政策指导对银行贷款利率的影响，其中从盈利能力、企业规模、财务杠杆、贷款规模和期限及其担保方式、信用评价七个方面进行控制。基本计量模型设定如下：

$$brt = \alpha_0 + \alpha_1 loanitem\_dummy_1 + \alpha_2 loanitem\_dummy_2 + \gamma_1 ownship +$$
$$\gamma_2 owncon + \gamma_3 lemplo + \gamma_4 asize + \gamma_5 lsize + \gamma_6 roa + \gamma_7 roe + \gamma_8 guaranty\_$$
$$dummy1 + \gamma_9 guaranty\_dummy2 + \gamma_{10} crehistory + \gamma_{11} crerating + \gamma_{12} term + \varepsilon$$

$$(4 - 1)$$

其中：α_0 为截距；α_1—α_2、γ_1—γ_{12} 为回归系数；ε 为随机误差项。在计量模型中，如果回归系数 α_1 和 α_2 显著为负，且 α_1 的绝对值大于 α_2 的绝对值，那么假设 H_2 成立。

表 4 - 6 显示了获得贷款企业的截面最小二乘回归结果。其中模型 1 是包括所有解释变量的回归结果；模型 2 是剔除模型 1 中不显著解释变量之后的回归结果；模型 3 是运用逐步回归方法找出的回归方程及其回归结果。从总体看，模型 1、模型 2、模型 3 的回归系数基本一致，显示了结果的稳健性，关于多重共线性的检验（vif 列）显示只有 roa 和 roe 之间存在着多重共线性，它们的方差膨胀因子分别达到了 15. 8894、15. 7739，远远高于通常的临界值 5。因此，模型 2 成为上述分析的最优基准模型。

表 4 - 6 贷款定价影响因素的线性回归结果

自变量	因变量 brt			vif
	模型 1	模型 2	模型 3	
$ownship$	- 0.099			1.8922
	(0.106)			
$loanitem\_dummy1$	- 0.427 ***	- 0.441 ***	- 0.430 ***	1.7311
	(0.119)	(0.116)	(0.116)	
$loanitem\_dummy2$	- 0.288 ***	- 0.283 ***	- 0.285 ***	1.8428
	(0.095)	(0.093)	(0.092)	
$owncon$	0.138			1.8453
	(0.196)			

续表

自变量	因变量 *brt*			*vif*
	模型 1	模型 2	模型 3	
lemplo	−0.007			1.2855
	(0.028)			
asize	−0.068 **	−0.083 ***	−0.076 ***	1.6020
	(0.029)	(0.024)	(0.025)	
lsize	−0.003			1.2632
	(0.035)			
roa	2.373		2.139 *	15.8894
	(1.540)		(1.124)	
roe	−1.764 *	−0.503 **	−1.664 **	15.7739
	(0.900)	(0.236)	(0.653)	
lev	0.001			2.0388
	(0.003)			
*guaranty_ dummy*1	−0.144 *	−0.159 **	−0.157 **	1.6042
	(0.083)	(0.068)	(0.068)	
*guaranty_ dummy*2	0.016			1.9119
	(0.102)			
crehistory	−0.023			1.2850
	(0.028)			
crerating	−0.009			1.2093
	(0.017)			
term	0.054 ***	0.050 ***	0.053 ***	1.0959
	(0.015)	(0.015)	(0.015)	
Constant	7.053 ***	7.019 ***	6.923 ***	
	(0.440)	(0.274)	(0.277)	
观测值	299	299	299	
R^2	0.169	0.153	0.164	
调整 R^2	0.125	0.136	0.144	
残差标准误	0.566 ($df=283$)	0.562 ($df=292$)	0.560 ($df=291$)	
F 统计量	3.841 *** ($df=15$; 283)	8.817 *** ($df=6$; 292)	8.143 *** ($df=7$; 291)	

注：括号内为相应估计系数的标准差，*** 表示在 1% 的显著性上显著、** 表示在 5% 的显著性上显著、* 表示在 10% 的显著性上显著。

首先，在回归模型 1 中，所有权属性变量的系数为负，系数的显著性检验 p 值为 10.7% ，超出了 10% 的显著性水平，表明相对于集体企业、民营企业，具有政治关系的国有企业并不具有获得银行低廉的信贷资金支持的优势。

其次，重点支持类、一般支持类两个虚拟变量的系数为负，且在 1% 的显著性水平上显著，系数符号支持我们的假设 H_2。尤其是，虚拟变量 *loanitem_ dummy*1 的系数估计值的绝对值比虚拟变量 *loanitem_ dummy*2 的系数估计值的绝对值大，表明政府产业政策指导间接地干预了银行的信贷决策。重点支持类、一般支持类企业往往获得了银行贷款的利率下浮。其中重点支持类企业较之一般支持类企业的贷款利率更低，政府的产业政策指导在降低企业融资成本方面起到了重要作用。

最后，在表 4 - 6 的第 2 列中我们可以观察到，贷款期限的系数为正，且在 1% 的显著性水平上显著，表明贷款时间越长，不确定性越大，风险越高，银行要求的风险补偿就越高，贷款利率越高。固定资产抵押担保虚拟变量的系数为负，且在 10% 的显著性水平上显著，表明抵押担保和利率之间具有一种相反关系。事实上，企业的抵押担保程度直接影响着贷款风险的大小，而风险的大小又影响着利率的高低。由于固定资产担保品价值比项目收益更容易被客观识别，利率随企业提供担保水平的提高而降低，其原理相当于企业用担保换来了低利率（Chan 和 Kanatas，1985）。以资产度量的企业规模的系数为负，且在 5% 的显著性水平上显著，一方面表明企业规模越大，其在与银行的借贷交易中拥有越强的讨价还价能力，贷款利率相对较低；另一方面表明资产规模是银行信贷决策的重要依据。资产规模越大，企业贷款违约造成的损失越大，因此银行对资产规模较大的企业利率定价低于对资产规模较小的中微企业的利率定价。净资产收益率的系数估计值为负，且在 10% 的显著性水平上显著，表明企业的经营状况越好，企业越有能力用经营所获取的资金来偿还银行的债务，经营状况的高低从本质上给商业银行带来了一种积极信号，从而使商业银行降低企业的贷款利率。信用记录的系数估计值为负，且在 5% 的显著性水平上显著，表明企业信用记录的好坏是银行贷款利率定价的一个重要影响因素。企业的信用记录越好，企业越能享受到银行的利率优惠。此外，第一大股东所占股权份额、总资产收益率、信用等级、综合担保变量对贷款利率的影响不显著。

　　为了进一步分析政府产业政策指导和企业所有权属性对贷款利率的影响，以保证结论的稳健性，我们首先剔除了模型 1 中不显著的解释变量，仅仅对模型 1 中显著的解释变量构建回归模型，记为模型 2，其中估计结果显示为表 4 – 6 的第 3 列。其次，我们运用逐步回归的思想和方法，根据信息准则给出影响贷款利率的回归方程，记为模型 3，估计结果显示为表 4 – 6 的第 4 列。

　　从表 4 – 6 的第 3 列和第 4 列的回归结果中我们再次观察到：首先，所有权属性变量的系数并不显著；产业政策指导的两个虚拟变量的系数为负，且在 1% 的显著性水平上显著，进一步支持假设 H_2。其次，产业政策指导的两个虚拟变量在模型 1、模型 2 和模型 3 中的系数估计值不仅符号一致，而且绝对值大小差异不大，因此本章的研究结论具有稳健性。最后，其他的诸如贷款期限、固定资产抵押担保、企业规模、净资产收益率、信用记录的系数估计结果也具有稳健性。

第四节　信贷配给的二值因变量模型

　　上一节直接使用获得贷款的样本数据 A 进行最小二乘回归，分析获得贷款利率的影响因素，是一个贷款利率定价的分析过程。事实上，在企业向银行申请贷款时，银行会首先考察企业的经营业绩、财务结构、所有权属性、风险水平等各方面的指标，并做出是否提供贷款的信贷决策，与获得银行贷款的数据样本 A（$brt\_dummy = 1$）相对应，数据样本 B（$brt\_dummy = 0$）是未获得银行贷款的数据样本。因此，将数据样本 A、数据样本 B 结合作为联合样本就构成了企业是否获得银行贷款（出现信贷配给现象）的二值因变量分析模型。

　　与上一节普通最小二乘回归分析贷款利率定价模型相类似，本节在研究所有权和产业政策指导对银行贷款审批的影响时，也分别从盈利能力、企业规模、财务杠杆、贷款规模、贷款期限、担保方式和信用评价七个方面进行控制。二值因变量模型设定如下：

$$P(brt\_dummy = 1 \mid x) = G(\alpha_0 + \alpha_1 ownship + \alpha_2 loanitem\_dummy_1 +$$

$$\alpha_3 loanitem\_dummy_2 + \gamma_1 owncon + \gamma_2 lemplo + \gamma_3 asize + \gamma_4 lsize + \gamma_5 roa +$$

$$\gamma_6 roe + \gamma_7 guaranty\_dummy1 + \gamma_8 guaranty\_dummy2 + \gamma_9 crehistory +$$

$$\gamma_{10} crerating + \gamma_{11} term) \qquad\qquad (4-2)$$

其中：x 表征自变量和控制变量。当 $G(z) = \Phi(z) \equiv \int_{-\infty}^{z} (2\pi)^{-1/2} \exp$

$(-z^2/2) dz$ 为标准正态分布函数时，模型（4-2）称为 Probit 模型；当 $G(z) = e^z / (1 + e^z)$ 时，模型（4-2）称为 Logit 模型。无论是 Probit 模型还是 Logit 模型都可以从一个满足经典线性假设的潜变量模型中推导出来，即

$$\eta^* = \alpha_0 + \alpha_1 loanitem\_dummy_1 + \alpha_2 loanitem\_dummy_2 + \gamma_1 ownship +$$

$$\gamma_2 owncon + \gamma_3 lemplo + \gamma_4 asize + \gamma_5 lsize + \gamma_6 roa + \gamma_7 roe +$$

$$\gamma_8 guaranty\_dummy1 + \gamma_9 guaranty\_dummy2 + \gamma_{10} crehistory +$$

$$\gamma_{11} crerating + \gamma_{12} term + \varepsilon$$

其中：当 $\eta^* > 0$，即 $G(\eta^*) > 0.5$ 时，$brt\_dummy = 1$，否则 $brt\_dummy = 0$。因此，可以运用 Probit 或 Logit 模型进行贷款审批的分析。在 Probit 模型或 Logit 模型中，如果回归系数 α_1 和 α_2 显著为正，且 α_1 大于 α_2，那么假设 H_1 成立。

在使用模型（4-2）时，对获得贷款的企业而言，因变量 $brt\_dummy = 1$；对未获得贷款的企业而言，因变量 $brt\_dummy = 0$。因此联合数据样本 A 和 B 得到贷款审批的样本数据集。表 4-7 是银行贷款审批（信贷配给）的二值因变量回归结果。其中模型 P1 是包括所有解释变量的 Probit 回归结果；模型 P2 是运用逐步回归方法找出的 Probit 回归方程及其回归结果；模型 L1 是包括所有解释变量的 Logistic 回归结果；模型 L2 是运用逐步回归方法找出的 Logistic 回归方程及其回归结果。

在回归模型 P1 和 L1 中，所有权属性变量的系数为负，系数的显

著性检验 p 值分别为 0.233 和 0.400，均超出了 10% 的显著性水平，表明相对于集体企业、民营企业，具有政治关系的国有企业并不具有获得银行信贷审批成功率的优势。重点支持类、一般支持类两个虚拟变量的系数为正，且分别在 1%、5% 的显著性水平上显著，系数符号支持我们的假设 H_1。尤其是，虚拟变量的系数估计值的绝对值比虚拟变量的系数估计值的绝对值大且显著性水平更高，表明政府产业政策指导也影响了银行的信贷审批决策，且不同产业政策的影响程度也是不同的。重点支持类、一般支持类企业往往获得了银行贷款审批的倾斜。其中重点支持类企业较之一般支持类企业获得更大的贷款审批倾斜，政府的产业政策指导在降低企业获得银行贷款审批方面起到了重要作用。

从表 4-7 还可以看出，固定资产抵押担保虚拟变量的系数均为正，且在 1% 的显著性水平上显著，表明提供抵押担保能提高获得贷款审批成功率。事实上，企业的抵押担保程度直接影响着贷款风险的大小，而风险的大小又直接影响着能否获得贷款审批。固定资产担保品价值比项目收益更容易被客观识别，且降低了银行的贷款风险。以资产度量的企业规模的系数为正，且在 1% 的显著性水平上显著，一方面表明企业规模越大，其在与银行的借贷交易中拥有越强的讨价还价能力，越容易获得贷款审批；另一方面表明资产规模是银行信贷决策的重要依据。资产规模越大，企业贷款违约可能性越小。因此银行更倾向于对资产规模较大的企业提供贷款。贷款规模的系数估计值为正，且在 5% 的显著性水平上显著，表明企业申请贷款的金额越高，反映了企业可能具有更高经营规模，从本质上也给商业银行带来了一种积极信号，从而更容易获得商业银行贷款审批。信用记录的系数估计值为正，且在 1% 的显著性水平上显著，表明企业信用记录的好坏是能否获得银行贷款审批的一个非常重要的决定因素。企业的信用记录越好，企业越能享受到银行贷款。此外，第一大股东所占股权份额、总资产收益率、信用等级、综合担保变量对是否获得银行贷款的影响不显著。

　　为了进一步分析政府产业政策指导对贷款利率的影响，以保证结论的稳健性，我们运用逐步回归的思想和方法，根据信息准则给出影响贷款利率的回归方程，分别记为模型 P2、L2。

　　从模型 P2、L2 的回归结果中我们再次观察到：首先，所有权属性变量的系数并不显著；产业政策指导的两个虚拟变量的系数为正，且分别在 1%、5% 的显著性水平上显著，进一步支持假设 H_1。其次，所有权属性变量、产业政策指导的两个虚拟变量在模型 P1、L1、P2、L2 中的系数估计值不仅符号一致，而且绝对值大小差异不大，因此信贷审批的实证结论具有稳健性。最后，其他的诸如贷款固定资产抵押担保、企业规模、贷款规模、信用记录的系数估计结果也具有稳健性。

表 4 – 7　　　　　　贷款审批影响因素的二值因变量模型回归结果

自变量	因变量			
	brt_ dummy			
	Probit 模型		Logistic 模型	
	模型 P1	模型 P2	模型 L1	模型 L2
ownship	− 0. 040		− 0. 073	
	(0. 232)		(0. 397)	
loanitem_ dummy1	1. 155 ***	1. 149 ***	2. 235 ***	2. 158 ***
	(0. 356)	(0. 353)	(0. 707)	(0. 687)
loanitem_ dummy2	0. 400 **	0. 413 **	0. 695 **	0. 702 **
	(0. 183)	(0. 178)	(0. 312)	(0. 302)
owncon	0. 004		0. 025	
	(0. 403)		(0. 682)	
lemplo	− 0. 065		− 0. 137	
	(0. 060)		(0. 102)	
asize	0. 184 ***	0. 161 ***	0. 328 ***	0. 272 ***
	(0. 068)	(0. 059)	(0. 117)	(0. 102)
lsize	0. 219 ***	0. 223 ***	0. 357 **	0. 372 ***
	(0. 084)	(0. 080)	(0. 147)	(0. 140)

续表

自变量	因变量			
	brt_ dummy			
	Probit 模型		Logistic 模型	
	模型 P1	模型 P2	模型 L1	模型 L2
roa	1.495		1.947	
	(2.876)		(4.941)	
roe	−0.437		−0.332	
	(1.765)		(3.104)	
lev	0.004		0.007	
	(0.005)		(0.009)	
guaranty_ dummy1	0.435 **	0.451 ***	0.701 **	0.757 ***
	(0.198)	(0.164)	(0.350)	(0.288)
guaranty_ dummy2	−0.023		−0.049	
	(0.191)		(0.320)	
crehistory	0.181 ***	0.197 ***	0.306 ***	0.338 ***
	(0.057)	(0.055)	(0.097)	(0.095)
crerating	0.014		0.011	
	(0.040)		(0.070)	
term	0.006		0.012	
	(0.038)		(0.066)	
Constant	−4.964 ***	−4.863 ***	−8.256 ***	−8.250 ***
	(0.961)	(0.793)	(1.673)	(1.398)
观测值	414	414	414	414
似然函数	−198.155	−199.536	−198.145	−199.887
AIC	428.310	413.073	428.290	413.773

注：括号内为相应估计系数的标准差，*** 表示在 1% 的显著性水平上显著，** 表示在 5% 的显著性水平上显著，* 表示在 10% 的显著性水平上显著。

基于表 4 - 7 中模型 P1、L1、P2、L2 的回归结果，我们分别对数据样本 A 和 B 进行预测，即得到是否提供贷款审批的预测结果，并与银行是否提供了贷款的实际结果进行对比。表 4 - 8 展示了预测结果的正确率。从表 4 - 8 可以看出，对获得银行贷款的数据样本 A 而言，模型 P1、P2、L1、L2 分别成功预测企业获得银行贷款审批的数量为 269、271、268、270，结果也非常稳定，成功率超过 89%；对未获得银行贷款的数据样本 B，模型 P1、P2、L1、L2 分别成功预测企业未能获得银行贷款审批的数量为 97、99、96、97，结果比较稳定，成功率分别为 84.35%、86.09%、83.48%、84.35%。

表 4 - 8　　　　　　　　　信贷配给发生的正确预测率

		模型 P1	模型 P2	模型 L1	模型 L2	样本规模
样本 A	频数	269	271	268	270	299
	比例	0.8997	0.9064	0.8963	0.9030	
样本 B	频数	97	99	96	97	115
	比例	0.8435	0.8609	0.8348	0.8435	

第五节　样本选择、信贷配给与贷款定价模型

前两节分别对银行信贷决策过程中的信贷配给与贷款定价问题进行了建模分析，分别研究了银行贷款过程中信贷配给的影响因素（对假设 H_1 进行实证）以及银行贷款定价（对假设 H_2 进行实证）的决定因子。但是，这两个阶段的分割、独立分析过程，忽略了信贷配给与贷款定价之间的内生性联系，即其中的贷款定价分析的基本普通最小二乘（OLS）回归分析模型，实质上是对获得贷款的数据样本的分析，存在着这样的条件前提：获得银行贷款。对于存在信贷配给的企业，由于企业并未获得贷款，也不存在贷款利率信息。然而，基于总体的分析模型需要的数据也是应该包括未获得贷款的数据样本信息的，也就得到一个无偏估计。由此衍生出一个非常直观的样本选择问题，即关于银行贷款定价过程中，只涉及获得银行贷款的企业样本。由于信贷配给的发生，有些企业并没有获得银行贷款，也没有相关的贷款利率的数据。因此前两节中，关于获得贷款的利率定价的 OLS 回归，是基于未发生信贷配给的企业样本，从而存在样本选择性偏差。

本节拟采用 Heckman 两阶段回归（Heckman，1979）以克服样本选择性偏差问题。

一　Tobit 模型与 Heckman 的样本选择矫正

从属断尾（incidental truncation）或样本选择（sample selection）是一种特殊情形的受限因变量模型，模型中的样本数据并不满足随机抽样的基本假定，从而导致直接应用 OLS 估计系数可能会出现有偏、非一致等问题，本书介绍的 Heckman 两步法是一种比较简单且易实施的解决此类问题的方法。

（一）断尾、从属断尾

对于线性回归模型

$$y_i = x_i'\beta + u_i$$

其中：$i = 1, 2, \cdots, n$。由于数据收集、制度约束等原因，在许多时候无法获得 $y_i < c$ 时的样本数据，只能观察得到 $y_i \geq c$ 的数据，其中 c 为常数。例如，考虑工业企业相关的问题，总体为某地区所有工业企业的相关数据。但是，统计局只能收集到规模以上企业（比如年主营业务收入 y_i 为 2000 万元或以上的企业）的数据，即 $y_i \geq 2000$。此时样本范围受到限制，被解释变量 y_i 在 2000 处存在"左侧断尾"（left truncation）。类似地，如果只有满足 $y_i \leq c$ 的数据才能够被观测到，则称 y_i 在 c 处存在右侧断尾。

从属断尾是一类比较特殊但又经常会出现的断尾问题，在此类问题中，被解释变量 y_i 的断尾（部分数据无法观测）与另一变量 z_i 有关，文献中也称之为样本选择，称 z_i 为选择变量。一个比较典型的例子是劳动经济学中的工资报价问题：研究者关注劳动者的受教育程度等各种因素如何影响其所挣的工资。对于当前正在工作的那部分人，其工资报价就是其当前的工资。但对于那些目前并未工作的人，无法直接观察到其工资报价。显然，真实的工资报价模型中，总体应该既包括正在工作的那部分人，也包括并未工作的那部分人，而实际中样本数据能否观测与对象是否存在工作相关，这就造成了工资报价的从属断尾与样本选择问题。从属断尾意味着样本选择过程不再具有随机性，运用其进行回归所获得的参数估计量将不能很好地反映总体的性质，可能不再满足无偏性和一致性，即所谓的选择性偏误（selection bias）。由 James Heckman（詹姆斯·赫克曼）于 20 世纪 70 年代提供的 Heckman 两步法可以较为简单方便地处理此类问题。

（二）样本选择模型及其基本假设

一个基本的样本选择模型包括参与方程（participation equation），即

$$y_1 = \begin{cases} 1, 若 y_1^* > 0 \\ 0, 若 y_1^* \leqslant 0 \end{cases}$$

以及相应的结果方程（outcome equation）

$$y_2 = \begin{cases} y_2^*, 若 y_1 = 1 \\ -, 若 y_1 = 0 \end{cases}$$

该模型的基本假设包括：

假设 1：y_1^* 是一个不可观测的潜变量，其取值用于决定样本选择变量 y_1 的取值（0 或 1）；y_1 的取值决定了关注的结果 y_2 中哪些是可观测的、哪些是不可观测的。当 $y_1 = 1$ 时，y_2 可以观测；当 $y_1 = 0$ 时，y_2 不可观测，不需要取任何有意义的值。

假设 2：y_1^* 和 y_2^* 分别被设定为具有如下形式的线性模型

$$\begin{cases} y_1^* = x_1'\beta_1 + \varepsilon_1 \\ y_2^* = x_2'\beta_2 + \varepsilon_2 \end{cases} \qquad (4-3)$$

假设 3：考虑到对 y_1^* 而言，主要关心的是其符号而不是值的大小，因此将 σ_1^2 标准化为 1，同时假设 ε_1 和 ε_2 服从如下形式的二维正态分布

$$\begin{bmatrix} \varepsilon_1 \\ \varepsilon_2 \end{bmatrix} \sim N\left(\begin{bmatrix} 0 \\ 0 \end{bmatrix}, \begin{bmatrix} 1 & \sigma_{12} \\ \sigma_{12} & \sigma_2^2 \end{bmatrix} \right)$$

根据以上假设：y_2^* 的取值与 y_1^* 的取值存在关联，当 ε_1 与 ε_2 相关时，估计 β_2 的值可能会出现问题；Tobit 模型可认为是样本选择模型

在 $y_1^* = y_2^*$ 时的一种特殊情况。

（三）Heckman 两步法

首先，根据式（4-3）的第二部分，可观测样本的条件期望为

$$E[y_2 \mid x, y_1 = 1] = E[y_2 \mid x, y_1^* > 0]$$

$$= E[x_2'\beta_2 + \varepsilon_2 \mid x_1'\beta_1 + \varepsilon_1 > 0] \qquad (4-4)$$

$$= x_2'\beta_2 + E[\varepsilon_2 \mid \varepsilon_1 > -x_1'\beta_1]$$

根据样本选择模型中关于 ε_1、ε_2 的联合正态分布假定及正态分布的性质，有

$$\varepsilon_2 = \sigma_{12}\varepsilon_1 + \xi$$

其中：随机变量 ξ 与 ε_1 是相互独立的。

式（4-4）可化为

$$E[y_2 \mid x, y_1 = 1] = x_2'\beta_2 + \sigma_{12}E[\varepsilon_1 \mid \varepsilon_1 > -x_1'\beta_1] \qquad (4-5)$$

容易证明：

$$E[y_2 \mid x, y_1 = 1] = x_2'\beta_2 + \sigma_{12}\lambda(x_1'\beta_1) \qquad (4-6)$$

其中：$\lambda(z) = \varphi(z)/\Phi(z)$ 在文献中被称为逆米尔斯比率（inverse Mill's ratio）。

从式（4-6）可以看出，如果直接用 OLS 来估计样本数据，将会遗漏非线性项 $\sigma_{12}\lambda(x_1'\beta_1)$。在用 y_2 对 x_2 进行 OLS 回归时，仅仅能够利用可观测的 y_2 正值，若 y_2 的条件均值即式（4-6）的非线性部分的系数 $\sigma_{12} \neq 0$，也就是式（4-3）中的两个误差项 ε_1、ε_2 相关时，OLS 回归的参数估计量 β_2 会出现问题，OLS 估计不再是一致估计。

考察某个解释变量 x_i 变动的边际效应可知

$$\frac{\partial E(y_2 \mid x, y_1 = 1)}{\partial x_i} = \beta_i + \sigma_{12}\frac{\partial \lambda(x_1'\beta_1)}{\partial x_i}$$

其中：等式右边第一项 β_i 为解释变量 x_i 对 y_2 的直接影响，而第二项为样本选择导致的间接影响（即选择性偏误）。

如果能够知道 β_1，就可以知道 $\lambda(x_1'\beta_1)$，从而可以将其作为解释变量引入式（4-6）所确定的回归方程中，这便是 Heckman

（1979）提出的两步估计法的基本思想，Heckman 本人也因此获得了 2000 年诺贝尔经济学奖。

Heckman 两步法的步骤为：

第一步：对 $y_1^* = x_1'\beta_1 + \varepsilon_1$ 而言，由于假设 ε_1 服从正态分布，因此可利用 Probit 模型估计方程 $P(y_1 = 1 \mid x_1) = \Phi(x_1'\beta_1)$，得到 β_1 的估计值 $\hat{\beta_1}$，进而可求得估计的逆米尔斯比率 $\lambda(x_1'\hat{\beta_1})$。

第二步：以 y_2 为被解释变量，x_2 和 $\lambda(x_1'\hat{\beta_1})$ 为解释变量进行 OLS 回归，得到相应的系数估计值 $\hat{\beta_1}$、$\hat{\sigma}_{12}$。

理论上已经证明，采用 Heckman 两步法得到的 β_2 的估计量是一致的。对于样本选择模型来说，另一种更有效的方法是采用极大似然估计（MLE）方法来估计该模型，该方法由于是从整体上一步估计，因此效率比两步法要高。然后，由于实施简单、适用性广、对 ε_1、ε_2 联合正态性更弱的分布假设等原因，使用 Heckman 两步法进行参数估计目前来说仍然比较流行。MLE 法的具体过程及模型中估计参数的标准误、σ_2^2 的估计值等问题可进一步参考 Heckman（1979）及 Cameron（2005）等。具体分析样本选择问题时，Stata 软件提供了非常方便的命令 heckman 以进行 Heckman 两步法及 MLE 法的估计。

（四）Tobit 模型与样本选择模型的关系

关于 Tobit 模型与样本选择模型的关系，前面假设部分已经提到，可以认为 Tobit 模型是样本选择模型的一种特殊情形[①]。事实上，Tobit 模型属于限值因变量模型的一种，其因变量为正值时大致连续，但以

---

① Tobit 模型是 Probit 模型的推广，创始人为 James Tobin（詹姆斯·托宾），在《限值因变量关系式的估计》一文中提出，也叫截取回归模型。Tobit 模型是一个线性概率模型，缺点是：预测某个事件发生的概率等于 1，但是实际中该事件可能根本不会发生；预测某个事件发生的概率等于 0，但是实际中该事件却可能发生了。为了克服 Tobit 模型这个预测结果有偏的缺点，需要对线性概率模型作变换（即保证所有预测的概率值都落在区间 [0，1]；当某个自变量增加时，预测概率值也单调增加或单调减少）。文献中对线性概率模型常用的变换有两种，其中用累积正态概率分布函数作变换的称为 Probit 模型；采用 Logistic 函数作变换的称作 Logistic 模型。

一个严格正的概率取值为零。Tobit 模型与截取、断尾模型的联系主要表现在：

首先，Tobit 模型与截取模型。表面上看，Tobit 模型与截取点为 0 的截取模型是一样的，但实际上在截取模型中，由于数据搜集方式或制度约束等的影响，将因变量为负数的值设定为 0，其中负值所包含的信息无法再呈现到模型中，而 Tobit 模型中因变量为 0 是原生结果，其包含的信息在模型中并未出现丢失。

其次，断尾模型是将因变量高于某个点或低于某个点的样本直接剔除，在断尾模型中，受到影响的那部分样本直观无法再被观测到，这不仅与截取模型中的处理方法不同，与 Tobit 模型中的情形也完全不一样。

再次，样本选择模型中部分数据无法被观测也可视作一种断尾，但其断尾是由另一变量引起的，是一种从属性的断尾。

最后，不管是 Tobit 模型、截取、断尾还是样本选择模型，这些模型都属于因变量受限的模型范畴，其因变量的条件均值表达式中都包含了非线性的部分，具体估计这四类模型时，都可以先根据具体情况求出模型的似然函数，再用最大似然估计方法来估计模型的参数。

二　贷款定价模型——Heckman 两阶段估计

从本章第三节和第四节的贷款定价的 OLS 回归分析和信贷审批的二值因变量回归分析可以看出，决定利率高低和信贷配给的因素及其作用效果既具有相同的影响因素，也存在着一定的异质因素。由于银行的信贷决策包括信贷审批和贷款定价，在贷款审批中，银行只对具有一定资质的企业提供了贷款，反映了信贷配给问题。而信贷配给的存在，在考察获得银行贷款审批的数据样本 A 时，其贷款定价的回归分析存在着样本选择问题。

下面选用 Heckman（1979）的两阶段方法进一步研究银行贷款定价问题，以尽量减少仅仅根据获得贷款数据样本 A 的贷款定价分析过程中存在的样本选择问题。基于 Heckman 两阶段的研究思路：首先，建立贷款审批的 Probit 模型，考察影响信贷配给的影响因素；其次，根据第一步回归的残差计算出逆米尔斯比率，并作为新的解释变量加入影响贷款定价的回归模型中，考察所有权属性、国家产业政策指导、抵押担保方式等因素对贷款定价的影响。具体来说，本章基于全变量的 Heckman 两阶段回归分析模型如下：

第一阶段的回归——信贷配给模型：

$$I(brt\_dummy = 1) = \alpha_0 + \alpha_1 ownship + \alpha_2 loanitem\_dummy_1 +$$
$$\alpha_3 loanitem\_dummy_2 + \gamma_1 owncon + \gamma_2 lemplo + \gamma_3 asize + \gamma_4 lsize + \gamma_5 roa +$$
$$\gamma_6 roe + \gamma_7 guaranty\_dummy1 + \gamma_8 guaranty\_dummy2 + \gamma_9 crehistory +$$
$$\gamma_{10} crerating + \gamma_{11} term + \varepsilon$$

第二阶段的回归——贷款定价模型：

$$brt = \alpha_0 + \alpha_1 ownship + \alpha_2 loanitem\_dummy_1 + \alpha_3 loanitem\_dummy_2 +$$
$$\gamma_1 owncon + \gamma_2 lemplo + \gamma_3 asize + \gamma_4 lsize + \gamma_5 roa + \gamma_6 roe +$$
$$\gamma_7 guaranty\_dummy1 + \gamma_8 guaranty\_dummy2 + \gamma_9 crehistory + \gamma_{10} crerating +$$
$$\gamma_{11} term + \gamma_{12} IMR + \varepsilon$$

其中：$I(brt\_dummy = 1)$ 是信贷配给表征变量，表示企业获得银行贷款的概率，当获得银行贷款时，变量 $brt\_dummy = 1$，否则 $brt\_dummy = 0$；IMR 是由第一阶段 Probit 回归计算得到的逆米尔斯比率，以遗漏变量的形式衡量了样本选择偏差。作为稳健性的考量与对比，本章还考察了基于逐步回归原则得到的最优回归模型。

其实，第一阶段的 Probit 回归模型在本章第四节已经完成；第二阶段，实际上就是本章第三节的贷款定价的 OLS 回归模型中加入逆米尔斯比率作为新变量以消除样本选择偏差，并重新进行回归分析。更为具体地，在 Heckman 两阶段回归中，继续沿用 Probit 回归，并且分别考察采用全变量及逐步回归的结果，我们直接采用本章第四节的 Probit 回归模型。在展示 Heckman 两阶段回归结果之前，我们先展示 Heckman 两阶段回归过程中计算出的获得贷款的数据样本 A 和未获得贷款的数据样本 B 所分别对应的逆米尔斯比率的描述性统计结果，如

表4-9所示。其中逆米尔斯比率是对样本选择偏差的纠正，反映在对获得贷款的数据样本 A 和未获得贷款的数据样本 B 进行不同程度的纠正效应，使 Heckman 第二阶段的贷款定价回归的结果克服样本选择问题。

从表4-9的结果可以看出，无论是全样本 Probit 回归模型 P1 中，还是逐步回归得到的 Probit 回归模型 P2，数据样本 A 和 B 所对应计算得到的逆米尔斯比率序列的均值 t 检验都是显著的。这表明逆米尔斯比率确实对获得贷款的数据样本 A 和未获得贷款的数据样本 B 发挥着不同程度的纠正效应，从而担负着改善样本选择问题的作用。同时，全样本和逐步回归结果的一致性，也显示了回归结果的稳健性。此外，分别考察数据样本 A 在两种回归形式下的逆米尔斯比率（IMR）的均值检验，发现检验的 t 值为 -0.1245，并不显著，这一结论对数据样本 B 也是成立的。这进一步表明了回归形式对逆米尔斯比率的影响至少在均值水平上是无差异的，也是可以视作一种稳健性的考察。

表4-9 逆米尔斯比率描述性统计

	获得贷款的数据样本 A			未获得贷款的数据样本 B			均值检验	
	均值	最小值	最大值	均值	最小值	最大值	t 检验	p 值
模型 P1	0.3733	0.0043	1.4140	0.7015	0.0644	1.5690	-10.050	<0.0000
模型 P2	0.3762	0.0054	1.5050	0.6900	0.0753	1.5810	-9.819	<0.0000
t 检验	-0.1245			0.2931				
p 值	0.9010			0.7697				

表4-10报告了 Heckman 两阶段回归的第一阶段的回归结果，其中采用全变量的 Probit 回归模型 P1 及其逐步回归模型 P2，并在回归结果基础上计算出逆米尔斯比率，作为调整样本选择偏差的新变量。作为考察稳健性的对照，在表4-10中也报告了相应的极大似然法的估计结果。

表 4 – 10　　　　　　　　　Heckman 样本选择模型回归结果

自变量	因变量					
	两阶段方法				极大似然法	
	全变量		逐步回归		逐步回归	逐步回归
	brt_ dummy	brt	brt_ dummy	brt	brt_ dummy	brt
	Probit 审批模型	OLS 定价模型	Probit 审批模型	OLS 定价模型	Probit 审批模型	定价模型
	1	2	3	4	5	6
ownship	− 0.040	− 0.100				
	(0.232)	(0.107)				
loanitem_ dummy1	1.155 ***	− 0.395 **	1.149 ***	− 0.322 **	1.143 ***	− 0.412 ***
	(0.356)	(0.198)	(0.353)	(0.137)	(0.348)	(0.123)
loanitem_ dummy2	0.400 **	− 0.273 **	0.413 **	− 0.227 **	0.421 **	− 0.265 **
	(0.183)	(0.121)	(0.178)	(0.098)	(0.178)	(0.094)
owncon	0.004	0.136				
	(0.403)	(0.197)				
lemplo	− 0.065	− 0.009				
	(0.060)	(0.029)				
asize	0.184 ***	− 0.061	0.161 ***	− 0.055 *	0.161 **	− 0.079 **
	(0.068)	(0.045)	(0.059)	(0.031)	(0.059)	(0.026)
lsize	0.219 ***	0.004	0.223 ***		0.220 **	
	(0.084)	(0.048)	(0.080)		(0.080)	
roa	1.495	2.419				
	(2.876)	(1.560)				
roe	− 0.437	− 1.775 *		− 0.494 **		− 0.554 *
	(1.765)	(0.904)		(0.238)		(0.233)
lev	0.004	0.001				
	(0.005)	(0.003)				
guaranty_ dummy1	0.435 **	− 0.130	0.451 ***		0.485 ***	
	(0.198)	(0.107)	(0.164)		(0.165)	
guaranty_ dummy2	− 0.023	0.012				
	(0.191)	(0.104)				

	因变量					
	两阶段方法				极大似然法	
	全变量		逐步回归		逐步回归	逐步回归
	brt_ dummy	*brt*	*brt_ dummy*	*brt*	*brt_ dummy*	*brt*
	Probit 审批模型	OLS 定价模型	Probit 审批模型	OLS 定价模型	Probit 审批模型	定价模型
crehistory	0. 181 ***	− 0. 015	0. 197 ***		0. 195 ***	
	(0. 057)	(0. 047)	(0. 055)		(0. 055)	
crerating	0. 014	− 0. 008				
	(0. 040)	(0. 018)				
term	0. 006	0. 055 ***		0. 052 ***		0. 050 ***
	(0. 038)	(0. 015)		(0. 015)		(0. 015)
IMR		0. 089		0. 338 **		
		(0. 448)		(0. 163)		
Constant	− 4. 964 ***	6. 810 ***	− 4. 863 ***	6. 467 ***	− 4. 849 ***	6. 834 ***
	(0. 961)	(1. 295)	(0. 793)	(0. 406)	(0. 800)	(0. 322)
观测值	414	299	414	299	414	299
R^2		0. 169		0. 150		
调整 R^2		0. 122		0. 132		
AIC	428. 310		413. 073			
F 统计量		3. 591 ***		8. 585 ***		

注：括号内为相应估计系数的标准差，*** 表示在 1% 的显著性水平上显著，** 表示在 5% 的显著性水平上显著，* 表示在 10% 的显著性水平上显著。

　　如表 4 – 10 所示，在 Heckman 两阶段回归中，我们分别考察了全变量回归结果（第 2、3 列）和逐步回归结果（第 4、5 列），作为与逐步回归结果的对照与稳健性对比，我们也报告了极大似然估计结果（第 6、7 列）。

　　首先，表 4 – 10 的第 2、3 列分别显示了全变量的 Heckman 两阶段的 Probit 贷款审批模型和 OLS 贷款定价模型，模型结果与本章第三节和第四节中贷款定价影响因素的 OLS（见表 4 – 6）和信贷配给影响因素的二值因变量模型回归结果（见表 4 – 7）基本一致，显示了本章相关回归结果的稳健性。

其次，在全变量的回归结果基础上，进而采用逐步回归的方式得到了 Heckman 两阶段回归的模型结果，分别显示于表 4 - 10 的第 4、5 列。从表 4 - 10 的第 4 列可以看出，影响贷款审批的因素有 5 个。一是国家产业政策的指导作用，表现为贷款审批模型中重点支持类、一般支持类两个虚拟变量（loanitem_ dummy1、loanitem_ dummy2）的系数为正，且分别在 1%、5% 的显著性水平上显著，系数符号支持我们的假设 H_1，重点支持类、一般支持类企业往往获得了银行贷款审批的倾斜。其中重点支持类企业较之一般支持类企业获得更大的贷款审批倾斜，政府的产业政策指导在降低企业获得银行贷款审批方面起到了重要作用。二是固定资产担保提高贷款获批成功率，固定资产抵押担保虚拟变量（guaranty_ dummy1）的系数为正，且在 1% 的显著性水平上显著，表明提供抵押担保能提高获得贷款审批成功率。三是企业规模。以资产度量的企业规模（asize）的系数为正，且在 1% 的显著性水平上显著，一方面表明企业规模越大，其在与银行的借贷交易中拥有越强的讨价还价能力，越容易获得贷款审批；另一方面表明资产规模是银行信贷决策的重要依据。资产规模越大，企业贷款违约造成的损失越大，因此银行更倾向于对资产规模较大的企业提供贷款。四是贷款规模。贷款规模（lsize）的系数估计值为正，且在 10% 的显著性水平上显著，表明企业申请贷款的金额越高，反映了企业可能具有更高经营规模，从本质上也给商业银行带来了一种积极信号，从而更容易获得商业银行贷款审批。五是信用历史记录。信用记录（crehistory）的系数估计值为正，且在 1% 的显著性水平上显著，表明企业信用记录的好坏是能否获得银行贷款审批的一个非常重要的决定因素。企业的信用记录越好，企业越能享受到银行贷款。所有权属性变量、第一大股东所占股权份额、总资产收益率、信用等级、综合担保、第三方担保等变量对能否获得银行贷款的影响不显著。

再次，从表 4 - 10 的第 5 列可以看出，影响贷款利率的因素包括四个。一是国家产业政策的指导作用，表现为贷款定价模型中重点支持类、一般支持类两个虚拟变量（*loanitem_ dummy*1、*loanitem_ dummy*2）的系数分别为 -0.322、-0.227，且均在5%的显著性水平上显著，符合不同产业政策类别的企业，在获得贷款时，其贷款的利率将获得不同程度的政策性优惠。具体而言，在其他条件相同时，分别是重点支持类、一般支持类和限制类的三类企业在获得贷款时，因所处的产业政策类别，重点支持类将比限制类的企业获得贷款的利率低，而一般支持类比限制类低。因此，重点支持类、一般支持类企业不仅更容易获得银行贷款审批，而且获得的贷款利率也会更加优惠。国家产业政策指导对银行的信贷配给与贷款定价都具有政策性影响效应。二是企业盈利能力影响银行贷款定价，变量 *roe* 的回归系数为 -0.494，且在5%的显著性水平上显著；而在全变量回归中其系数为 -1.775，且仅在10%显著性水平上显著。这表明企业的盈利能力越强，获得银行的贷款利率也会越低，即 *roe* 每上升1个单位，贷款利率下降0.494个单位。三是贷款年限影响银行贷款定价，贷款年限（*term*）的系数为0.052，且在1%的显著性水平上显著，贷款年限每增加1年，贷款利率将增加0.052个单位。四是逆米尔斯比率（*IMR*）的系数为0.338，在5%的显著性水平上显著，表明以遗漏变量的形式对样本选择偏差进行纠正，这正是通过将逆米尔斯比率作为自变量加入贷款定价的回归方程中，以克服样本选择问题。所有权属性变量、企业规模、贷款规模、信用记录、第一大股东所占股权份额、总资产收益率、信用等级、综合担保、第三方担保等变量对银行贷款定价的影响不显著。

最后，表4-10中的第6、7列是通过极大似然法估计得到的Heckman样本选择模型的回归结果，无论是在贷款审批影响因素的二值因变量模型回归分析（第6列）中，还是在银行贷款定价的模型分析（第7列）中，分别与 Heckman 两阶段的回归系数结果（第4、5列）高度一致，显示了本章回归结果具有一定的稳健性。

进一步地，通过将表4-6、表4-7与表4-10进行综合对比，发现相关参数的显著性结果比较稳定。在表4-6中，反映国家产业

政策的虚拟变量 *loanitem_ dummy*1 、*loanitem_ dummy*2 的回归系数（在逐步回归模型 3 中）分别为 – 0.430 、 – 0.285 ，且均在 1% 的显著性水平上显著，显示了对贷款定价的显著性影响；在表 4 – 7 中，反映国家产业政策的虚拟变量 *loanitem_ dummy*1 、*loanitem_ dummy*2 的回归系数（在 Probit 的逐步回归模中）分别为 1.149 、0.413 ，且分别在 1% 和 5% 的显著性水平上显著，显示了对信贷审批的显著性影响；而在表 4 – 10 中，考虑到了贷款审批的结果造成的贷款定价样本的偏差，即基于样本选择的 Probit 回归，采用 Heckman 两阶段分析贷款定价的决定因素，发现反映国家产业政策的虚拟变量 *loanitem_ dummy*1 、*loanitem_ dummy*2 的回归系数（在逐步回归模型 3 中）分别为 – 0.322 、 – 0.227 ，且均在 5% 的显著性水平上显著，与普通的最小二乘回归结果在数值大小上略有差异，反映了模型结果的稳健性。

因此，产业政策指导在银行的信贷决策过程中扮演着重要的角色。无论是在直接通过普通的最小二乘回归（见表 4 – 6）分析产业政策对银行的贷款定价，还是通过离散选择模型（见表 4 – 7）分析产业政策对银行的信贷配给，或者考虑到样本选择偏差而采用样本选择模型（见表 4 – 10）综合分析银行的信贷决策问题，均得出了稳健性的结论，不同的产业政策在银行信贷决策过程中均起到不同的作用。特别是国家重点支持类、一般支持类和限制类的不同产业政策对银行的信贷审批及贷款定价均具有指导性的作用。具体而言，重点支持类的企业相较一般支持类的企业更容易获得银行贷款，且获得贷款的利率也会更低，这一显著性的结论也存在于一般支持类企业与限制类企业情境。

本章除了发现国家产业政策在银行信贷决策过程中的显著性影响之外，还发现企业资产规模也是影响银行信贷决策的重要因素，既影响到银行的信贷审批决策，也影响到银行的贷款定价。贷款规模、固定抵押担保方式、企业的信用历史记录等因素是银行信贷审批决策的重要影响因素；企业的盈利能力、贷款期限是影响银行贷款定价的重要因素。

第六节　稳健性考察

内生性问题、遗漏变量及样本选择等问题，往往是实证建模分析过程中所面临的挑战。在本章的银行信贷决策分析中，由于关于银行贷款利率定价的样本只涉及获得贷款的数据，遭遇信贷配给的企业，无法获得银行贷款，自然也没有贷款利率数据。如果直接对获得贷款的数据样本进行分析，只能够得到获得银行贷款的数据样本的利率定价结果，而这一结果可能是有偏于理想世界中总体样本的真实结果的，这就是样本选择偏差问题。因此，如何克服样本选择偏差是本书实证分析所需克服的最大问题。本章通过纵向和横向的模型对比来考察稳健性问题。

首先，模型纵向对比。关于样本选择问题，基于 Tobin（1950）模型的理论框架及 Heckman（1979）所发展的两阶段回归，可以得到很好的解决。本章在实证分析过程中，首先直接对获得银行贷款的数据样本进行回归，以分析获得银行贷款的利率定价的决定因素。这一分析过程，面临着可能存在样本选择偏差的风险，因此，也仅作为一个初始的模型分析，并与后文中的 Heckman 两阶段回归结果作对比。结果发现：虽然初始的直接最小二乘回归，可能存在样本选择偏差问题，但是，这一问题并没有想象中的那样严重，与 Heckman 两阶段回归结果基本一致，仅存在回归系数大小上的一定差别，并没有反映出具有差异性的经济学含义。

其次，模型横向对比。逆米尔斯比率是 Heckman 两阶段回归中有效克服样本选择问题的核心，通过逆米尔斯比率对样本进行矫正，以克服样本选择偏差问题。表 4-9 中的描述性统计及其检验结果，显示了对于相同的数据样本（比如数据样本 A，或者数据样本 B），全变量模型中的逆米尔斯比率与逐步回归模型中的逆米尔斯比率的均值并不存在显著性差异，这意味着：无论全变量模型还是逐步回归模型的都具有相对稳定性。而对于相同的模型（比如全变量模型，或者逐步回归模型），数据样本 A 对应的逆米尔斯比率与数据样本 B 对应的逆米尔斯比率的均值存在着显著的差异，这意味着：逆米尔斯比率分别对数据样本 A 和 B 的矫正程度不同，正是对样本的矫正作用有效性的必然要求。这两种对均值的不同方式的对比，都体现了对稳健性的考虑。此外，本章还考察了使用极大似然法来估计 Heckman 的样本选择模型，所得系数结果也与 Heckman 两阶段回归结果基本一致。这些处理都是以 Heckman 两阶段回归结果为基准的稳健性考察。

第七节　小结

本章基于商业银行的微观贷款数据，利用相关分析、Logit 模型、Probit 模型、普通最小二乘估计和 Heckman 两步法等计量手段，对贷款利率定价和信贷审批的影响因素进行了系统的探讨，着重考察了产业政策指导这种政府间接干预、所有权对商业银行贷款利率定价和信贷审批的影响。

经验研究结果发现：

第一，产业政策指导这种政府间接干预对银行的信贷审批及贷款利率定价均具有指导性的作用。其中重点支持类的企业相比一般支持类的企业更容易获得银行贷款，且获得贷款的利率也会更低；一般支持类企业相比限制类企业更容易获得银行贷款，且获得贷款的利率也会更低。

第二，商业银行的信贷决策并不存在企业的所有权歧视，即所有权属性不同的企业在是否获取贷款及贷款利率的高低方面没有显著性差异。

第三，企业资产规模是影响银行信贷决策的重要因素，既影响到银行的信贷审批决策，也影响到银行的贷款利率定价。

第四，贷款规模、资产抵押担保方式、企业的信用历史记录等因素是银行信贷审批决策的重要影响因素。

第五，企业的盈利能力、贷款期限是影响银行贷款利率定价的重要因素。

第五章　银行绩效的影响因素

第四章考察了商业银行贷款利率定价和信贷审批的影响因素。按照公司治理的相关理论，信贷决策涉及贷款人的监督问题，是商业银行控制贷款风险及提升经营绩效的一项核心业务。其一，信贷审批中的贷款利率的确定，与融资企业和贷款项目的风险有关，贷款利率是对银行承担风险的一种补偿。其二，商业银行的收入结构分为利息收入和非利息收入。虽然从 2003 年开始，非利息收入逐年提高，但是相比利息收入，商业银行的非利息收入规模较小。从目前来看，贷款利息收入仍然是商业银行的主营业务，商业银行借助贷款利率提升利润率。

本章以上市商业银行为研究对象，从银行面板数据和实证角度考察银行绩效的影响因素，重点是对第三章第六节的命题 3 - 12、命题 3 - 13 和命题 3 - 14 的理论进行经验验证，从而考察区域法律执行效率、金融市场化程度等中国的制度环境如何影响商业银行的绩效。

第一节　研究假设

从广义的角度上讲，公司的治理结构分为外部治理结构和内部治理结构两种；从狭义的角度上讲，公司治理结构仅仅包括内部治理结构。外部治理结构由充分竞争的市场和制度环境构成，其中充分竞争的市场包括产品市场、股票市场、经理人市场等；货币环境、法律环境和政治环境等则构成了制度环境。内部治理结构包括资本结构、产权结构、制衡机制①、信息披露机制、激励机制等，其中以产权结构、制衡机制和激励机制三个要素最为重要。考虑到我国商业银行普遍采用内外部监督的综合模式，因此，本章考察内部治理结构和外部治理结构对银行经营绩效的影响。

一　内部治理结构与银行绩效

在银行的内部治理结构方面，本章主要考察股权结构、董事会特征、监事会特征和高管激励机制等因素对银行绩效的影响。

（一）股权结构

作为内部产权结构的基础，股权结构体现了各股东之间的控制权配置差异。在中国，国家是银行的主要大股东，其代理人均不直接分享银行信贷决策的收益，没有足够的经济利益驱动他们有效地监督管理人员，这种非人格化的主体特征使大股东监督虚设。银行的实际控制权由管理人员掌握，他们架空所有者的控制与监督，在银行战略决策中谋取各自利益，甚至内部联手掏空银行资产、掠夺财富，使所有者的权益受到严重侵害，形成事实上的内部人控制。在激励机制低效和国家股东与其下级代理人之间存在信息非对称的情况下，必然会导致银行治理效率低下。由此，本章提出如下假设：

H_{1a}：第一大股东的国有性质与银行绩效负相关。

关于大股东持股对银行经营绩效的影响有两种理论观点。第一个观点是监督，即随着大股东持股比例的提高，大股东的利益与银行整体利益逐渐趋同，大股东拥有更大的权利维护他们自身的利益，这样他们会有更强的动机和更大的积极性去监督管理者，减少经理人员的机会主义行为，从而有利于提升银行的绩效水平。第二个观点是掠夺，即随着大股东持股比例的进一步提高，大股东的控股能力也随之增强。在"一股独大"的股权结构下，大股东拥有巨大的话语权，其意志替代公司的意志，通过资金占用等方式"掏空"、侵害中小股

---

① 这里的制衡机制指股东大会、董事会、监事会和经理之间的相互监督和制衡。

东的利益。在很多情况下，大股东维护自身权益的行为已经超出合法的限度，损害了银行及其中小股东的合法权益。因此，本章提出如下假设：

H_{1b}：第一大股东持股比例和第一大股东的控股能力均与银行绩效负相关。

股东等权益资本所有者对管理经营者的作用方式由所有权结构决定。相对于股权分散型公司，股权集中型公司的控股股东收集信息并有效监督管理层的动力更强。因此股权集中型的公司倾向于具有较好的市场表现和较高的盈利能力（Morck，1988）。管理者在签订合约时会考虑到信息非对称的可能性而给自己留下退路，但是这种作用在所有权分散时表现得更加突出，分散的小股东有更大的"搭便车"动力（Baek等，2004）。可见，提高银行股权集中度可以加大股东对银行经营管理的监督力度，保证银行以实现股东的利益为目标，从而最大化公司的价值。因此，本章提出如下假设：

H_{1c}：前十大股东持股比例之和与银行经营绩效成正相关关系。

（二）董事会特征

董事会规模与银行绩效之间的关系并没有一致性结论。一种观点认为董事会人数较少时，成员间的沟通和协调相对容易，凝聚力强，因此小规模董事会遇事反应敏捷，有助于提高公司治理效率（Lipton和Lorsch，1992；Jensen，1993）。另一个相反的观点则认为，大规模董事会能为公司提供更多的机会，提高网络外部效应。

本章认为，董事会规模太大所带来的正面影响远比不上规模大导致的公司内部机能障碍、缺乏创新和效率等负面影响。首先，董事会人数太多不便于成员间的沟通与协调，随着董事会规模的增大，不仅银行的协调成本提高了，决策缓慢导致的时间成本也将有所增加。其次，容易出现"搭便车"的现象。董事会规模太大，成员为了避免冒犯总经理而招致他们的怨恨和报复，很少有成员会对他们的工作绩效做出直率的评价，有时甚至对总经理的错误做法也视而不见。这种情况尤其在公司发生经营亏损或项目失败对董事会成员来说实际损失不大或董事会成员所持股份相对较少的情况下表现得更为明显。同时，董事会规模太大也可能会限制经理管理层的权力，使其管理才能不能得到充分发挥。因此，本章提出如下假设：

H_{2a}：大规模的董事会对银行经营绩效会产生负面影响。

董事会监督控制职能的有效发挥在很大程度上取决于其对管理人员决策操控权的桎梏和制约能力。把独立董事制度引入内部治理构架中，既可以抑制大股东利用其控股地位侵害中小股东利益的道德风险行为，也可以减轻内部控制所产生的代理问题。与内部董事相比，来自企业外部的独立董事的聘用受经理层的影响较小，他们所拥有的非传统特质有利于保持他们对公司事务独立判断的能力。此外，独立董事所拥有的专业知识背景和社会关系也有助于提高董事会的决策效率和科学性。

与独立董事不同，执行董事在公司还担任除董事外的其他职务，从事银行内部的经营管理。传统的公司治理理论认为董事会的监督作用是非常重要的，但是，其战略决策功能的重要性也随着日渐激烈和复杂的市场竞争环境而更加凸显。本章认为，降低执行董事比例，使董事会成员专职于战略决策、监督和咨询职能，避免因长期陷于银行日常管理事务而导致的战略决策失误，提高银行治理和经营效率。

因此，本章提出如下假设：

H_{2b}：提高董事会中的独立董事比例可以提高银行的经营绩效。

H_{2c}：董事会中的执行董事比例与银行绩效负相关。

董事会主要通过召开董事会会议对公司管理层进行监督，然而Jensen（1993）认为这些会议并不总是有效率的。董事会会议日程的拟定大体上由经理层完成，会议的大部分时间都是用来讨论日常经营事务，程序化的安排限制了独立董事监督管理层的机会，董事会的监督职能未能有效发挥。此外，董事会会议往往是在公司出现问题的时候才被迫频繁召开，从这个层面上看，董事会会议更像是一个"灭火器"，用于解决公司当期面临的问题，而不是用于事前改进公司治理的一项机制。所以，高频率的会议多是董事会对银行业绩出现下滑所做出的反应。因此，本章提出如下假设：

H_{2d}：降低董事会会议次数可以提高银行经营绩效。

（三）监事会特征

中国上市商业银行的治理结构既不是"日德模式"，也不是"英美模式"，而介于这两者之间，即监事会与董事会并存。然而，作为"新三会"（指股东大会、董事会、监事会）的一个重要组成部分，监事会往往被研究者所忽略。这主要归因于在实际的公司治理中，监事会的监督功能被弱化，大部分监事会成员的任命、薪酬待遇等都受控于经理人员，失去了其独立性。加之监事会常常是"事后监督"，很多学者建议撤销监事会。本章认为，作为已有的一种制度安排，监事会的设立有其必要性，它在监督总经理等高级管理人员方面与董事会具有一定的替代性，但是其监督职能又高于董事会。当董事行为对公司的利益造成损害时，监事会有权要求董事会成员予以纠正。已有的实证研究表明，有效的监事会能够提高银行的风险控制能力，监事会规模、会议次数与银行的盈利能力正相关（孙君阳，2008；王朝弟，2007）。因此，本章提出如下假设：

H_{3a}：监事会规模对银行经营绩效具有正面影响。

H_{3b}：增加监事会会议次数可以提高银行经营绩效。

（四）高管激励机制

根据委托代理理论，为了减少道德风险和逆向选择所产生的代理成本，商业银行股东与高管人员之间通过签订薪酬契约来实现个人效用最大化。薪酬契约通常实行与绩效相挂钩的高管薪酬制度，这主要是为了使高管重视绩效，能与股东利益追求的方向达成一致。一般来说，年度奖金为高管人员的风险收入，与银行当年的业绩挂钩，这会促使高管人员改善银行的年度经营绩效，形成短期激励效应；股权收入与银行的长期发展业绩挂钩，这有利于激励高管人员持续努力，形成长期激励效应。倘若高管薪酬水平随着银行经营业绩的提高或降低也相应地提高或降低，那么在高薪酬的驱动下，高管人员自然会竭尽全力提升银行经营绩效以提高自己的薪酬。因此，本章提出如下假设：

H_{4a}：前三位银行高管人均薪酬与银行绩效正相关。

二 外部治理结构与银行绩效

在银行外部治理结构方面，本章考察制度环境、货币环境及其他宏观经济环境对银行经营绩效的影响。

（一）制度环境

地区发展不平衡、市场化程度、金融市场化程度和法律执行程度等制度环境存在较大差异是中国经济的典型特征。根据命题 3 - 12、命题 3 - 13 和命题 3 - 14，本章提出如下假设：

H_{5a}：区域市场化程度与银行经营绩效正相关。

H_{5b}：金融市场化程度与银行经营绩效正相关。

H_{5c}：区域法律执行程度与银行经营绩效正相关。

（二）货币环境

货币政策是中央银行对货币发行、信用和利率进行宏观调节和调控的措施和策略，是国家为了实现经济目标而采取的金融手段之一。商业银行，作为当今金融体系的主体，对吸收存款、发放贷款和保证社会经济平稳运转发挥着至关重要的作用。而国家采用的货币政策又深刻地影响商业银行的管理中心和经营策略，在商业银行的经营绩效中起着举足轻重的作用。本章主要从银行存款准备金率、利率和广义货币增长率三个方面探讨货币政策与银行绩效之间的关系。

存款准备金是为保证商业银行的客户提取存款和资金清算工作能够顺利进行而准备的在中央银行的存款。存款准备金制度迫使商业银行保留部分资金来支持商业银行的日常工作。存款准备金率是央行规定的对商业银行的官方利率，其利率水平影响了商业银行实际可控的贷款资金总额。货币政策中存款准备金率的调整反映了国家对经济大环境发展的预期，会对商业银行内部和外部的经营环境产生影响。一般来说，央行提高存款准备金率，这种紧缩性的货币政策会使商业银行降低银行经营绩效预期，反之，降低存款准备金率，商业银行的资金价值得到提高，能够为银行扩大信贷规模创造有利条件，商业银行经营绩效预期也随之提高。因此，本章提出如下假设：

H_{6a}：法定存款准备金率与银行绩效呈负相关关系。

利率作为货币政策的直接杠杆工具，在货币政策的传导过程中具有重要的作用。利率包括央行银行基准利率和商业银行存贷款利率及允许的浮动范围等。贷款利率是信贷决策的重要组成部分，较高的贷款利率表明银行能够在很大程度上将借款成本负担转移到融资企业身上，这虽然降低了融资企业的贷款可得性，但却提高了银行经营绩效。因此，本章提出如下假设：

H_{6b}：利率水平与银行绩效正相关。

在我国，中央银行可以通过公开市场证券买卖、有价证券投资、金银及外汇占款、金融机构贷款、财政净借款等途径投放货币。货币是商业银行扩张的基础，中央银行增加货币的投放，上市商业银行可运用的资金便会增加。在存款货币扩张的过程中，银行的主营业务净利息收入会由于贷款数额的增加而增加，手续费也会相应地增加，因而从总体上看，银行的利润会增加。反之，中央银行减少货币的投放，上市银行的存款货币会由于可用资金的减少而收缩，从而导致银行主营业务净利息减少，银行的总体利润相应降低。因此，本章提出如下假设：

H_{6c}：提高广义货币增长率能提高银行的经营绩效。

（三）其他宏观经济环境

作为重要的市场经济主体，经济发展中的投资和融资需求及服务性需求是商业银行发展的根本动力。经济环境构成了银行运行的背景和基础条件。因此，本章选取了国内生产总值增长率、消费者价格指数和房地产价格等宏观指标继续探讨商业银行经营绩效的宏观经济环境影响因素。

区域国内生产总值是直接反映地区经济态势的指标，衡量了一个地区经济增长的状况。在经济繁荣的时期，银行的业务扩展空间较大，其所承担的系统性风险也较小，反之亦然。Bikker 和 Hu（2002）

指出，高的经济增长环境会对银行信贷和收益产生正向的影响。Salas和Saurina（2002）的经验研究发现，在经济快速增长阶段，企业偿还贷款的能力上升，银行的不良贷款率下降。因此，本章提出如下假设：

H_{7a}：区域国内生产总值增长率与银行绩效正相关。

作为经济周期的一个衡量指标，消费者价格指数（CPI）反映了一国居民所能购买的商品和服务的平均价格水平，其对银行收益会产生间接影响。Davis和Zhu（2009）指出，在CPI上涨的阶段，银行的不良贷款率下降。因此，本章提出如下假设：

H_{7b}：区域消费者价格指数与银行绩效呈正相关关系。

房地产价格主要通过两个渠道对银行经营绩效产生影响。一是商业银行对房地产业的相关贷款，称为"直接渠道"。"直接渠道"表明房价上升提高了房地产企业的经营利润，房地产企业相应的银行贷款的违约风险降低，从而银行绩效提高。二是房地产广泛作为银行信贷抵押物的特质，称为"间接渠道"。Davis和Zhu（2005）指出，房地产价格的上涨使抵押资产质量得到提高，并且抵押贷款的违约率也会随着房地产价格的上升而下降，因而银行的收益率提高。此外，银行向借款人提供更多的贷款以获取更大利润的动力也会增强。因此，本章提出如下假设：

H_{7c}：房地产价格与银行经营绩效正相关。

第二节　研究设计

一　样本选择和数据来源

本章以在沪深A股市场上市的16家商业银行作为研究对象，选取1999年至2012年相关年度数据作为研究样本。数据源自BankScope数据库、国泰安CSMAR数据库、《中国金融年鉴》《中国统计年鉴》《中国人民银行统计季报》《上市商业银行年报》。

16 家样本银行中,有 5 家属于国有控股银行,即中国银行、中国建设银行、中国工商银行、中国农业银行和交通银行;有 11 家为股份制商业银行,即宁波银行、浦发银行、北京银行、南京银行、中国光大银行、中信银行、招商银行、华夏银行、深发展银行、兴业银行和中国民生银行,其中宁波银行、南京银行和北京银行属于城市商业银行。

二　研究变量定义

(一)　银行绩效的测度方法

在银行绩效度量指标的选取上,国外学者大多采用反映银行市场价值的托宾 Q 值,国内学者一般采用总资产收益率 (ROA) 和净资产收益率 (ROE) 等财务指标,这主要是受我国证券市场和上市银行股权结构特殊性的影响。根据赵胜民和卫韦 (2008) 的研究,截至 2007 年 3 月底,我国主要商业银行 (12 家股份制商业银行和 5 家国有控股银行) 的不良贷款率为 7.02%。这种传统的 ROA 和 ROE 经营绩效指标并没有考虑到银行收益所包含的风险,夸大了银行绩效。基于此,本章在传统的 ROA 和 ROE 绩效指标中引入银行风险,将银行获得的收益与其所承担的特定风险直接挂钩。这种改进的核心思想是将银行预期的破产风险考虑在内,对当期收益进行调整,衡量经风险调整后的收益大小,构建出经过风险调整后的指标 $RAROA$ 和 $RAROE$:

$$RAROA = \frac{ROA}{Z} \qquad (5-1)$$

$$RAROE = \frac{ROE}{Z} \qquad (5-2)$$

其中:Z 为银行风险,参照 Laeven 和 Levine (2009) 提供的处理方法,将 Z 值定义为资产收益率的标准差同资产收益率与资本资产比率之和的比值,即

$$Z_{it} = \frac{\sigma_i ROA_{it}}{ROA_{it} + CAR_{it}} \qquad (5-3)$$

其中：ROA 表示资产收益率，σROA 表示资产收益率的标准差[①]，CAR 表示资本资产比率（股东权益占总资产的比例）。该指标常被用来测度破产风险，Z 值越大，表示银行破产风险越大。

通过将式（5-1）计算得到的经风险调整后的总资产收益率 $RAROA$ 和未经风险调整的 ROA 列于图 5-1，类似地，将 $RAROE$ 和 ROE 列于图 5-2。从图 5-1、图 5-2 中可以看出：经过风险调整后，商业银行的收益率明显降低，并且净资产收益率总高于总资产收益率。表 5-1 采用 T 检验和 Wilcoxon 秩和检验进一步对比了 16 家银行对风险进行修正前与修正后的经营绩效。从表 5-1 可知，除了南京银行外，不管是总资产收益率还是净资产收益率，两种检验所得到的 p 值均小于 5%，表明其他 15 家银行经风险调整后的收益率均显著低于未经风险调整的收益率。

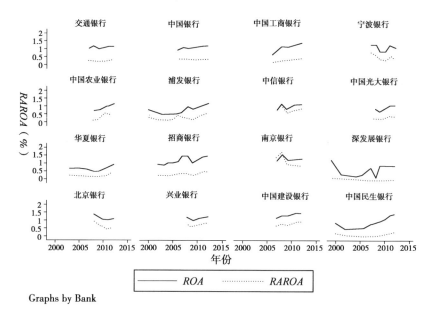

图 5-1　16 家银行经过与未经过风险调整的总资产收益率对比

[①] 参考 Laeven 和 Levine（2009）的计算方法，使用 3 年（包括 2 年滞后期）的数据来滚动计算标准差。

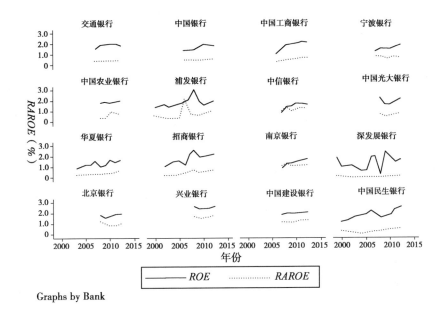

Graphs by Bank

图 5 - 2　16 家银行经过与未经过风险调整的净资产收益率对比

表 5 - 1　　　　16 家银行经过与未经过风险调整的绩效差距比较

银行	样本值	ROA 均值	ROA 中位数	RAROA 均值	RAROA 中位数	检验方法 t检验	检验方法 Wilcoxon秩和检验	ROE 均值	ROE 中位数	RAROE 均值	RAROE 中位数	检验方法 t检验	检验方法 Wilcoxon秩和检验
交通银行	6	1.120	1.130	0.277	0.285	38.06 ***	2.21 **	18.968	19.415	4.665	4.750	23.34 ***	2.20 **
中国银行	7	1.090	1.090	0.350	0.350	27.24 ***	2.36 **	16.230	16.480	5.207	4.790	16.83 ***	2.36 **
中国工商银行	7	1.109	1.140	0.323	0.330	12.29 ***	2.34 **	18.007	19.080	5.250	5.370	12.48 ***	2.36 **
宁波银行	6	1.110	1.170	0.518	0.485	16.65 ***	2.21 **	15.392	15.040	6.870	7.240	8.41 ***	2.20 **
中国农业银行	5	0.916	0.920	0.334	0.420	10.76 ***	2.02 **	18.470	18.790	6.422	6.960	8.56 ***	2.02 **
浦发银行	13	0.740	0.700	0.284	0.210	8.62 ***	3.11 **	17.649	16.150	6.805	5.620	7.14 ***	3.11 **
中信银行	6	1.000	1.065	0.802	0.775	3.18 ***	1.99 **	14.625	14.775	11.503	11.880	3.19 **	1.99 **
中国光大银行	5	0.888	0.860	0.306	0.320	15.99 ***	2.02 **	18.614	18.810	6.278	6.210	12.12 ***	2.02 **
华夏银行	10	0.667	0.660	0.207	0.185	19.75 ***	2.81 **	13.287	12.475	4.050	3.325	14.99 ***	2.80 **
招商银行	11	1.173	1.100	0.316	0.340	22.31 ***	2.94 **	18.110	19.230	4.884	4.710	13.43 ***	2.93 **
南京银行	6	1.307	1.275	1.153	0.980	1.37	1.57	13.903	14.080	11.768	11.745	1.76	1.57
深发展银行	14	0.554	0.625	0.031	0.030	5.97 ***	3.29 ***	13.638	12.745	0.689	0.765	8.14 ***	3.29 ***

续表

银行	样本值	*ROA* 均值	*ROA* 中位数	*RAROA* 均值	*RAROA* 中位数	检验方法 *t* 检验	检验方法 Wilcoxon 秩和检验	*ROE* 均值	*ROE* 中位数	*RAROE* 均值	*RAROE* 中位数	检验方法 *t* 检验	检验方法 Wilcoxon 秩和检验
北京银行	5	1.170	1.130	0.656	0.610	*21.79* ***	*2.03* **	17.816	17.910	9.842	9.340	*9.23* ***	*2.02* **
兴业银行	5	1.162	1.200	0.742	0.760	*44.27* ***	*2.03* **	25.312	24.670	16.148	16.000	*26.35* ***	*2.02* **
中国建设银行	6	1.327	1.315	0.812	0.795	*40.92* ***	*2.21* **	19.705	19.620	12.025	11.855	*36.04* ***	*2.20* **
中国民生银行	13	0.805	0.770	0.147	0.150	*10.04* ***	*3.18* **	18.017	18.070	2.955	2.750	*15.38* ***	*3.18* **
所有银行	125	0.949	1.010	0.383	0.320	*25.12* ***	*9.65* ***	16.984	17.380	6.227	5.370	*25.21* ***	*9.67* ***

注：斜体加粗代表根据配对样本差值的方差齐性选取 *t* 检验或 Wilcoxon 秩和检验结果作为参考指标，若配对样本差值在 10% 的显著性水平下满足正态性，则选取 *t* 检验所得到的结果，否则，则选取 Wilcoxon 秩和检验所得到的结果；***、**、* 分别代表在 1%、5% 和 10% 的显著性水平上显著。分析过程使用统计软件 Stata 12.0 完成。

用修正后的 *RAROA* 和 *RAROE* 指标来衡量银行经营绩效综合考虑了银行风险和监管成本，改变了原来的 *ROA* 和 *ROE* 等传统指标的不足，体现了在市场监管限制下实现风险调整收益最大化。下文的计量分析均使用 *RAROA* 和 *RAROE* 作为银行绩效水平的度量指标。

（二）自变量和控制变量定义

为了考察银行内部治理结构对银行经营绩效的影响，本章分别从银行的股权结构、董事会、监事会和高管薪酬激励机制这四个方面进行展开。在股权结构指标的选取上，本章采用第一大股东性质这一虚拟变量用以刻画股东身份，采用第一大股东持股比例、第一大股东控股能力及前十大股东持股比例等 3 个指标用以刻画银行股权的集中度。在董事会方面，本章选取了董事会人数、独立董事比例、执行董事比例和董事会会议次数 4 个指标，分别从董事会规模、结构及其行为等 3 个维度刻画董事会特征。此外，采用监事会人数和监事会会议次数 2 个指标分别反映银行监事会的规模和行为；采用高管人均薪酬反映银行的高管薪酬激励机制，一般来说，高管人员的薪酬结构包括基本工资、年度奖金、股权收入和福利计划等。

在研究银行外部治理结构与银行绩效的关系上，本章主要从制度环境、货币环境和其他宏观经济环境等三个方面入手。在制度环境指标的选取上，本章借鉴樊纲等编制的《中国市场化指数——各地区市场化相对进程报告》（2011 年）中的区域市场化整体指数和金融市场化程度指数 2 个指标及区域法律执行程度衡量各大银行总行所在省市的制度环境。市场化整体指数用政府与市场的关系、非国有经济的发展、产品市场的发育程度、要素市场的发育程度、市场中介组织发育和法律制度环境 5 个方面共 23 个基础指标加权平均计量；金融市场化程度指数由利率和汇率市场化程度、信贷自主权维护程度、机构准入自由程度、商业性金融机构产权多元化程度、业务范围自由度、资本自由流动程度、社会融资的市场化程度、金融调控间接化程度等九大项指标综合构建而成。货币环境代理变量的选取必须基于一国货币政策调控机制。在国外，多数学者采用银行间市场利率，但与欧美等发达国家相比，中国利率市场化仍未完全放开，央行难以直接通过价格机制将公开市场操作所产生的影响传导到存贷款市场，这种特殊的中国货币调控机制使银行间的市场短期利率难以有效地反映我国的货币政策立场。参考徐明东和陈学彬（2012）的研究成果，本章选取法定存款准备金率、实际利率和广义货币 M2 增长率作为货币环境的代理变量。其他宏观经济环境变量方面，本章选取了区域国内生产总值增长率、区域消费者价格指数、区域房地产价格 3 个指标。

　　为了有效测度银行内部治理结构和外部治理结构对银行经营绩效的影响，本章还控制了影响银行绩效的其他重要变量，包括银行所有权属性、上市情况、银行规模、资产负债率、资本充足率、不良贷款率等银行微观特征和年度宏观因素。

　　变量定义结果如表 5 - 2 所示。

表 5 - 2　　　　　　　　　　　　研究变量的定义

变量类型	变量符号	变量名称（单位）	变量定义
因变量	*RAROA*	经风险调整后的总资产收益率（%）	总资产收益率（银行利润与总资产的比率）与风险水平 Z 值的比率
	RAROE	经风险调整后的净资产收益率（%）	净资产收益率（银行利润与股东权益的比率）与风险水平 Z 值的比率

变量类型	变量符号	变量名称（单位）	变量定义
自变量	CLS	第一大股东性质	虚拟变量，第一大股东为国有，取值为1，否则取值为0
	S1	第一大股东持股比例（%）	第一大股东持股比例占全部股份的比例
	HC	第一大股东的控股能力（%）	第一大股东持股比例减去第二大股东持股比例
	CR10	前十大股东持股比例之和（%）	前十大股东持股比例之和
	SBD	董事会规模（人）	银行董事会的人数
	IDR	独立董事比例（%）	独立董事人数占董事会总人数的比例
	EDR	执行董事比例（%）	董事中高管人数占董事会总人数的比例
	TD	董事会会议次数（次）	当年银行董事会召开会议的次数
	SBS	监事会规模（人）	银行监事会的人数
	TS	监事会会议次数（次）	当年银行监事会召开会议的次数
	APE	高管人均薪酬（万元）	前三位银行高管人员的平均薪酬
	RMI	区域市场化指数	银行总行所在省市的市场化整体水平指数，由5个方面共23个指标构建而成（樊纲等，2011）
	FMI	金融市场化指数	银行总行所在省市的金融市场化指数，由9个指标加权平均计量（周业安和赵坚毅，2005），2004—2012年数据利用指数平滑法计算得到
	LPD	区域法律执行程度（%）	法院审结案数量占法院受理案件总数的比例
	LDRR	法定存款准备金率（%）	法定存款准备金占银行存款总额的比例，由中央银行统一规定
	IR	实际利率（%）	剔除通货膨胀率后的资本报酬率
	M2R	广义货币增长率（%）	经济增长率加上预期物价上涨率
	GDPR	区域国内生产总值增长率（%）	银行总行所在省市当年和上一年的GDP差值与上一年GDP值的比率
	CPI	区域消费者价格指数	银行总行所在省市的消费者价格指数
	RER	区域房地产价格（千元/平方米）	银行总行所在省市当年房地产价格

续表

变量类型	变量符号	变量名称（单位）	变量定义
控制变量	*OWN*	所有权属性	虚拟变量，银行为国有控股，取值为1，否则取值为0
	LIST	上市情况	虚拟变量，银行已上市，取值为1，否则取值为0
	SIZE	银行规模	银行年末总资产的自然对数
	LEV	资产负债率（%）	总负债占总资产的比例
	CAP	资本充足率（%）	银行资本与加权风险资产的比率
	NPL	不良贷款率（%）	不良贷款额占总贷款余额的比例
	YEAR	年度因素	年度虚拟变量，共13个

三　研究变量的描述性统计

1999—2012 年 16 家银行各变量的描述性统计结果如表 5 – 3 所示。从表 5 – 3 可以看出，经风险调整后的银行绩效指标 *RAROA* 和 *RAROE* 的均值分别为 0.38 和 6.22，均高于对应的中位数（0.32 和 5.37），说明样本中少数银行的绩效拉高了银行的平均绩效水平。相比于 13 家非城市商业银行，宁波银行、南京银行和北京银行 3 家城市商业银行存在明显的收益优势（见图 5 – 3 和图 5 – 4），表 5 – 4 的 *t* 检验和 Wilcoxon 秩和检验结果也支持了这一现象。对于国有控股银行和股份制商业银行，不管是以经风险调整后的总资产收益率还是以经风险调整后的净资产收益率测度银行绩效，这两类银行的年收益曲线均没有明显的区别（见图 5 – 3 和图 5 – 4），采用 *t* 检验和 Wilcoxon 秩和检验对这两类不同性质的银行的经营绩效进行比较，所得到的结果也并未通过 10% 的显著性水平检验（见表 5 – 4），可见上市银行是否国有的属性并不是影响银行收益的主要因素。

表 5 – 3　　　　　　　　　变量的描述性统计

	样本量	均值	标准差	最小值	中位数	最大值
RAROA	125	0.38	0.31	0.00	0.32	1.75
RAROE	125	6.22	4.27	0.14	5.37	20.82
CLS	125	0.57	0.49	0.00	1.00	1.00

续表

	样本量	均值	标准差	最小值	中位数	最大值
S1	125	26.51	19.25	5.90	17.90	70.88
HC	125	12.59	16.89	0.00	4.59	63.29
CR10	125	61.94	23.08	25.99	53.27	100.00
SBD	125	15.42	2.67	7.00	16.00	20.00
IDR	125	35.51	9.42	10.53	35.29	70.00
EDR	125	24.67	12.58	7.14	21.42	72.73
TD	125	9.74	3.85	3.00	9.00	26.00
SBS	125	8.27	2.06	3.00	8.00	16.00
TS	125	6.03	2.024	3.00	6.00	13.00
APE	123	214.81	198.05	13.00	144.88	1019.33
RMI	125	9.81	1.26	4.64	9.87	12.58
FMI	125	2.38	0.37	1.44	2.49	2.87
LPD	125	96.92	2.43	92.29	96.99	100.00
LDRR	125	15.53	5.39	6.00	17.50	21.50
IR	125	2.75	0.49	1.98	2.50	3.33
M2R	125	18.35	4.07	10.00	16.83	25.16
GDPR	125	10.83	2.37	7.28	10.30	15.20
CPI	125	102.48	2.32	97.70	102.60	105.80
RER	125	11.41	5.53	3.12	11.55	19.96
OWN	125	0.24	0.43	0.00	0.00	1.00
LIST	125	0.98	0.12	0.00	1.00	1.00
SIZE	125	18.08	5.77	11.13	16.00	28.72
LEV	125	96.27	4.38	86.93	94.98	109.66
CAP	125	11.71	3.42	2.30	11.47	30.67
NPL	125	2.43	3.49	0.05	1.23	22.11

由表5-3可知，在统计的125个有效样本中，*CLS*的中位数为1，说明第一大股东以国有企业或者政府机构为主。样本银行第一大股东平均持股26.51%，最大值为70.88%，最小值为5.90%。前十大股东平均持股比例则高达61.94%，最大值为100%，最小值为25.99%。平均而言，第一大股东持股比例平均高出第二大股东持股

比例 12.59%。可见样本银行所具有的股权结构是集中型的。样本银行董事会和监事会平均规模分别为 15.42 人和 8.27 人，董事会规模最大的有 20 人，最小的有 7 人；监事会规模最大的有 16 人，最小的只有 3 人。从董事的构成看，独立董事比例较高，平均为 35.51%，最大值为 70.00%，最小值为 10.53%，标准差为 9.42；执行董事比例相对较低，均值为 24.67%，标准差为 12.58，可见样本内各银行的独立董事比例及执行董事比例的差异十分明显。董事会会议与监事会会议召开的平均次数相差不大，但董事会会议次数的最大值是监事会会议次数最大值的 2 倍。从高管薪酬激励机制上看，各大银行表现出明显的差异，APE 样本的标准差高达 198.05，前三位银行高管平均薪酬最高的有 1019.33 万元，最低的仅有 13 万元，平均为 214.81 万元。

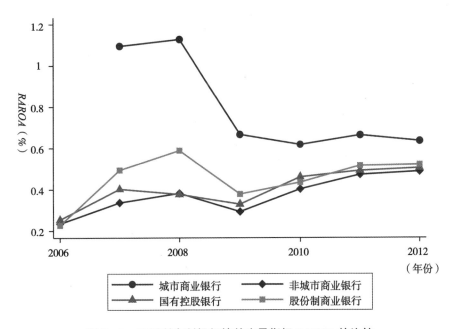

图 5-3 不同所有制银行绩效度量指标 RAROA 的比较

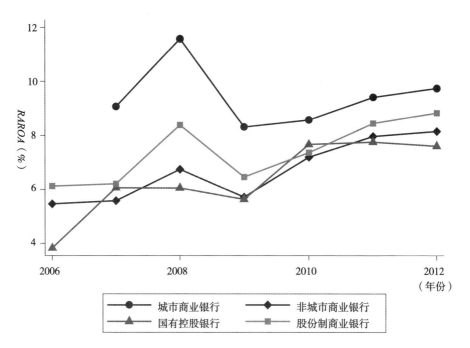

图 5 - 4 　不同所有制银行绩效度量指标 *RAROE* 的比较

表 5 - 4 　　　　　　　　　性质不同的银行的绩效差距比较

指标		*RAROA*				*RAROE*			
银行性质	样本量	均值	中位数	*t* 检验	秩和检验	均值	中位数	*t* 检验	秩和检验
国有	31	0.416	0.350	*-0.99*	*-1.59*	6.627	5.370	*-1.06*	*-1.43*
股份制	94	0.360	0.230			5.753	3.950		
城商行	17	0.783	0.700	*-5.67 ****	*-3.62 ****	9.473	9.340	*-8.12 ****	*-3.62 ****
非城商行	108	0.320	0.280			5.716	4.795		

注：斜体加粗代表根据配对样本差值的方差齐性选取 *t* 检验或 Wilcoxon 秩和检验结果作为参考指标，若配对样本差值在 5% 的显著性水平下满足正态性，则选取 *t* 检验所得到的结果，否则，则选取 Wilcoxon 秩和检验所得到的结果；***** 、**** 、*** 分别代表在 1% 、5% 和 10% 的显著性水平上显著。分析过程使用统计软件 Stata 12.0 完成。

　　根据表 5 - 3，所有权属性变量 *OWN* 的均值只有 0.24，说明国有控股的银行占少数。*LIST* 的均值接近 1，说明样本中大部分银行在所研究的时间跨度内已实现上市。银行规模均值为 18.08，最大值是

28.72（样本点：中信银行，2012 年），最小值是 11.13（样本点：中国民生银行，2000 年）。样本银行资产负债率的均值为 96.27%，相对较高。平均资本充足率为 11.71%，标准差为 3.42；平均不良贷款率为 2.43%，标准差为 3.49，这表明资本充足率和不良贷款率均处于正常水平（资本充足率一般应在 8% 以上，不良贷款率不应超过 5%），但样本间的差异比较大。

其他变量或以银行总行所在省市，或以年度作为统计标准，数据具有一定的重叠性，因此本章未给出它们的描述性统计分析结果。

四 研究变量的相关性分析

表 5 - 5 和表 5 - 6 分别给出了银行内部治理结构和外部治理结构各变量之间的 Pearson 和 Spearman 相关系数。从表 5 - 5、表 5 - 6 中可以看出，所有解释变量之间的相关系数均不高于 0.6，大部分在 0.3 以下，即解释变量两两之间的相关性不强，可以避免多重共线性问题。

表 5 - 5 银行内部治理结构变量之间的 Pearson 和 Spearman 相关系数

	RAROA	CLS	S1	HC	CR10	SBD	IDR	EDR	TD	SBS	TS	APE	OWN	LIST	SIZE	LEV	CAP	NPL
RAROA	1.000	0.355***	0.246**	0.178**	0.253**	-0.262**	0.244**	0.118	-0.135	-0.062	0.027	-0.086	0.062	0.100	0.306**	-0.278**	0.656***	-0.349***
CLS	0.401***	1.000	0.534***	0.343***	0.563***	-0.134	0.200**	0.094	-0.235**	0.037	0.038	-0.438***	0.463***	-0.111	-0.036	-0.209**	0.154*	-0.192**
S1	0.354***	0.554***	1.000	0.548***	0.541***	-0.278***	0.156*	0.033	0.062	-0.179**	0.192**	-0.119	0.489***	-0.156*	0.250**	-0.086	0.104	-0.207**
HC	0.151*	0.211**	0.527***	1.000	0.509***	-0.082	0.064	-0.228**	0.010	-0.094	0.172*	0.027	0.192**	0.095	0.386***	0.021	-0.011	-0.127
CR10	0.366***	0.540***	0.542***	0.125	1.000	-0.338	0.297***	0.368***	0.030	-0.130	0.069	-0.278**	0.553***	-0.211**	0.017	-0.070	0.235**	-0.333***
SBD	-0.171*	-0.135	-0.139	0.078	-0.199**	1.000	-0.292***	-0.388***	-0.012	0.468***	0.012	0.138	-0.376***	0.116	-0.368***	-0.015	-0.153*	-0.172*
IDR	0.266**	0.194**	0.087	-0.048	0.270**	-0.041	1.000	0.383***	0.042	0.179**	0.023	0.013	0.237**	0.180**	-0.007	0.063	0.080	-0.334***
EDR	0.127	0.129	0.035	-0.245**	0.265**	-0.123	0.320***	1.000	0.024	-0.250**	-0.095	-0.036	0.394***	-0.051	-0.056	0.039	0.206**	-0.252**
TD	-0.092	-0.279***	0.104	-0.024	-0.038	0.012	-0.034	-0.003	1.000	-0.113	0.339***	0.303***	0.106	0.141	-0.030	0.036	-0.186**	-0.054
SBS	0.028	0.074	-0.058	0.074	-0.090	0.549***	0.288**	-0.116	-0.086	1.000	-0.083	-0.082	-0.103	0.203**	-0.257**	0.063	-0.094	-0.225**
TS	0.117	0.079	0.287**	0.228**	0.053	-0.007	0.057	-0.057	0.386***	-0.052	1.000	0.337***	0.055	0.034	0.180**	-0.017	-0.193**	-0.191**
APE	0.181**	-0.356***	-0.002	0.087	-0.175*	0.076	0.066	0.036	0.327***	-0.015	0.341***	1.000	-0.318***	0.080	0.259**	0.118	-0.182**	-0.217**
OWN	0.158*	0.476***	0.502***	0.007	0.521***	-0.297***	0.142	0.361***	0.054	-0.217**	0.060	-0.309***	1.000	-0.222**	-0.225**	0.021	0.169*	-0.096
LIST	0.128	-0.114	-0.147	0.216**	-0.219**	0.146	0.189**	-0.141	0.144	0.202**	0.028	0.083	-0.222**	1.000	0.049	0.008	0.074	-0.043
SIZE	0.305***	0.090	0.279**	0.359***	0.058	-0.538***	-0.053	-0.136	0.031	-0.381***	0.240**	0.233**	-0.030	0.014	1.000	-0.362***	0.127	0.027
LEV	-0.512***	-0.197**	-0.266**	0.036	-0.294***	0.169*	-0.075	0.065	0.085	0.245**	-0.010	-0.052	-0.156*	-0.049	-0.438***	1.000	-0.336***	0.002
CAP	0.670***	0.176*	0.264**	-0.015	0.409***	-0.217**	0.161*	0.168*	-0.112	-0.202**	-0.069	-0.020	0.363***	0.120	0.304***	-0.392***	1.000	-0.087
NPL	-0.487***	-0.006	-0.110	-0.106	-0.035	-0.105	-0.301***	-0.103	-0.006	-0.172*	-0.274**	-0.492***	0.197**	-0.163*	-0.343***	0.266**	-0.236**	1.000

注：表格上三角部分是各变量的 Pearson 相关系数，下三角部分是各变量的 Spearman 相关系数；***、**、* 分别代表在 1%、5% 和 10% 的显著性水平上显著。分析过程使用统计软件 Stata 12.0 完成。

表5－6　银行外部治理结构变量之间的 Pearson 和 Spearman 相关系数

	RAROA	RMI	FMI	LPD	LDRR	IR	M2R	GDPR	CPI	RER	OWN	LIST	SIZE	LEV	CAP	NPL
RAROA	1.000	0.269 **	0.426 ***	-0.041	0.451 ***	0.409 ***	0.018	-0.132	0.333 ***	0.192 **	0.062	0.100	0.306 ***	-0.278 ***	0.656 ***	-0.349 ***
RMI	0.255 **	1.000	0.422 ***	0.012	0.573 ***	0.366 ***	0.175 *	-0.136	0.237 **	0.254 **	0.121	0.009	0.259 **	-0.375 ***	0.058	-0.505 ***
FMI	0.542 ***	0.459 ***	1.000	0.010	0.543 ***	0.544 ***	0.047	-0.426 ***	0.403 ***	0.529 ***	0.241 **	-0.018	0.291 ***	-0.192 **	0.223 **	-0.447 ***
LPD	-0.002	-0.030	-0.028	1.000	-0.014	0.119	-0.119	-0.055	0.063	0.151 *	0.175 *	0.023	-0.315 ***	0.119	0.042	-0.320 ***
LDRR	0.525 ***	0.413 ***	0.590 ***	-0.045	1.000	0.563 ***	0.138	-0.571 ***	0.464 ***	0.587 ***	0.249 **	-0.035	0.311 ***	-0.206 **	0.277 **	-0.418 ***
IR	0.435 ***	0.260 ***	0.390 ***	0.122	0.423 ***	1.000	-0.280 ***	-0.325 ***	0.536 ***	0.354 ***	0.183 **	-0.003	0.196 **	-0.195 **	0.349 ***	-0.280 ***
M2R	-0.044	0.112	-0.072	-0.153 *	0.064	-0.267 ***	1.000	-0.118	-0.253 **	0.112	0.051	-0.182 **	0.061	-0.016	-0.157 *	-0.266 **
GDPR	-0.270 **	-0.183 **	-0.409 ***	-0.046	-0.546 ***	-0.237 ***	-0.053	1.000	-0.349 ***	0.563 ***	-0.213 **	0.064	-0.119	0.024	-0.181 **	0.245 **
CPI	0.386 ***	0.210 **	0.426 ***	-0.046	0.518 ***	0.585 ***	-0.163 *	-0.227 **	1.000	0.204 **	0.090	0.038	0.107	-0.124	0.252 **	-0.280 **
RER	0.382 ***	0.191 **	0.539 ***	0.165 *	0.561 ***	0.333 ***	0.079	-0.578 ***	0.279 ***	1.000	0.459 ***	-0.101	0.029	0.066	0.098	-0.465 ***
OWN	0.163 *	0.048	0.207 **	0.184 **	0.209 **	0.197 **	0.038	-0.216 **	0.097	0.443 ***	1.000	-0.222 **	-0.225 **	0.021	0.169 *	-0.096
LIST	0.128	0.033	0.005	0.025	0.005	-0.013	-0.165 *	0.066	0.027	-0.096	-0.222 **	1.000	0.049	0.008	0.074	-0.043
SIZE	0.308 ***	0.228 **	0.391 ***	-0.302 ***	0.374 ***	0.245 ***	0.048	-0.221 **	0.173 *	0.193 **	-0.013	0.010	1.000	-0.362 ***	0.127	0.027
LEV	-0.517 ***	-0.367 ***	-0.340 ***	0.054	-0.331 ***	-0.340 ***	0.075	0.194 **	-0.233 **	-0.146	-0.160 *	-0.050	-0.435 ***	1.000	-0.336 ***	0.002
CAP	0.661 ***	0.195 **	0.380 ***	0.042	0.366 ***	0.397 ***	-0.221 **	-0.312 ***	0.325 ***	0.242 ***	0.351 ***	0.120	0.282 ***	-0.388 ***	1.000	-0.209 **
NPL	-0.489 ***	-0.451 ***	-0.489 ***	-0.032	-0.463 ***	-0.274 ***	-0.064	0.452 ***	-0.349 ***	-0.454 ***	0.175 **	-0.156 *	-0.365 ***	0.269 ***	-0.087	1.000

注：表格上三角部分是各变量的 Pearson 相关系数，下三角部分是各变量的 Spearman 相关系数；***、**、* 分别代表在 1%、5% 和 10% 的显著性水平上显著。分析过程使用统计软件 Stata 12.0 完成。

第三节 实证结果及分析

一 计量模型

为了验证前述的各个假设，本章建立了以下非平衡面板数据模型来分别考察内部治理结构和外部治理结构对银行经营绩效的影响。计量模型的设定如式（5-4）和式（5-5）所示：

$$RAROA = \alpha_0 + \gamma + \alpha_1 CLS + \alpha_2 S1 + \alpha_3 HC + \alpha_4 CR10 + \alpha_5 SBD + \alpha_6 IDR +$$

$$\alpha_7 EDR + \alpha_8 TD + \alpha_9 SBS + \alpha_{10} TS + \alpha_{11} APE + \alpha_{12} OWN + \alpha_{13} LIST + \alpha_{14} SIZE +$$

$$\alpha_{15} LEV + \alpha_{16} CAP + \alpha_{17} NPL + \sum_{k=18}^{30} \alpha_k YEAR_k \qquad (5-4)$$

$$RAROA = \beta_0 + \gamma + \beta_1 RMI + \beta_2 FMI + \beta_3 LPD + \beta_4 LDRR + \beta_5 IR +$$

$$\beta_6 M2R + \beta_7 GDPR + \beta_8 CPI + \beta_9 RER + \beta_{10} OWN + \beta_{11} LIST + \beta_{12} SIZE +$$

$$\beta_{13} LEV + \beta_{14} CAP + \beta_{15} NPL + \sum_{k=16}^{28} \beta_k YEAR_k \qquad (5-5)$$

其中：α_0 和 β_0 为常数项，α_k 和 β_k 为方程回归系数，ε 为随机扰动项。γ 为个体效应。模型（5-4）用于检验股权结构、董事会特征、监事会特征、高管薪酬激励机制与银行绩效的关系；模型（5-5）用于检验制度环境、货币环境、其他宏观经济环境与银行绩效的关系。

二 银行内部治理结构与银行绩效

表5-7报告了模型（5-4）的回归结果，这些结果均控制了其他影响银行绩效的重要变量，其中栏（2）、栏（4）和栏（6）还控制了时间效应。栏（1）—（2）是基于固定效应模型的组内估计结果，栏（3）—（4）是基于随机效应模型的 GLS 估计结果，栏（5）—（6）是基于随机效应模型的 MLE 估计结果。在回归的过程中，根据 F 检验 $[F(15, 94) = 14.73, p < 0.01]$ 的结果可知固定效应模型优于混合 OLS 回归，根据 LM 检验 $[chi2(1) = 27.37, p < 0.01]$ 的结果可知随机效应模型优于混合 OLS 回归，根据 Hausman

检验［chi2（16）＝75.77，$p<0.01$］的结果可知固定效应模型优于随机效应模型。可见，模型（5-4）适合采用固定效应模型来估计模型的参数。表5-7同时还报告了随机效应模型的估计结果以进行对比分析，从而增强研究结论的可靠性。

表 5-7　银行内部治理结构与经风险调整后的银行绩效关系的面板数据回归结果

模型		固定效应模型		随机效应模型			
估计方法		Within 估计		GLS 估计		MLE 估计	
		（1）	（2）	（3）	（4）	（5）	（6）
自变量	CLS	-0.1278 **	-0.1330 ***	-0.1698 ***	-0.1463 ***	-0.1347 ***	-0.1449 ***
		（0.0581）	（0.0414）	（0.0497）	（0.0482）	（0.0503）	（0.0463）
	S1	0.0121 ***	0.0103	0.0128 **	0.0129 **	0.0093 **	0.0067
		（0.0037）	（0.0068）	（0.0057）	（0.0061）	（0.0039）	（0.0052）
	HC	-0.0041 **	-0.0046 ***	-0.0072 *	-0.0097 **	-0.0027 **	-0.0036 *
		（0.0019）	（0.0017）	（0.0043）	（0.0047）	（0.0012）	（0.0002）
	CR10	-0.0099 ***	-0.0076 *	-0.0067 ***	-0.0046 *	-0.0081 ***	-0.0048 ***
		（0.0032）	（0.0040）	（0.0025）	（0.0027）	（0.0028）	（0.0017）
	SBD	0.0099	0.0117	0.0322 ***	0.0299 ***	0.0126 **	0.0149 **
		（0.0088）	（0.0093）	（0.0113）	（0.0116）	（0.0063）	（0.0074）
	IDR	-0.0016	-0.0014	0.0020	0.0006	-0.0005	-0.0005
		（0.0021）	（0.0023）	（0.0024）	（0.0025）	（0.0019）	（0.0018）
	EDR	0.0023 **	0.0030 ***	0.0016 *	0.0036 *	0.0014 ***	0.0024 **
		（0.0011）	（0.0010）	（0.0009）	（0.0020）	（0.0005）	（0.0012）
	TD	-0.0020	-0.0021	-0.0027	-0.0014	-0.0022	-0.0019
		（0.0039）	（0.0041）	（0.0052）	（0.0051）	（0.0036）	（0.0034）
	SBS	0.0095	0.0053	0.0023	-0.0046	0.0090	0.0041
		（0.0123）	（0.0127）	（0.0111）	（0.0110）	（0.0107）	（0.0101）
	TS	0.0114 *	0.0100	0.0057	0.0040	0.0107 *	0.0084
		（0.0063）	（0.0066）	（0.0097）	（0.0098）	（0.0058）	（0.0057）
	APE	0.0000	0.0001	0.0001	0.0003 *	0.0000	0.0002
		（0.0001）	（0.0001）	（0.0001）	（0.0001）	（0.0001）	（0.0001）

续表

模型		固定效应模型		随机效应模型			
估计方法		Within 估计		GLS 估计		MLE 估计	
		（1）	（2）	（3）	（4）	（5）	（6）
控制变量	OWN	（omitted）	（omitted）	− 0.2280 ***	− 0.3144 ***	0.0175	− 0.0858
				（0.0813）	（0.0804）	（0.1548）	（0.1410）
	LIST	0.1915 **	0.2168 **	0.1560	0.2879 *	0.1818	0.2209 **
		（0.0894）	（0.0891）	（0.1734）	（0.1606）	（0.1113）	（0.1073）
	SIZE	0.0065	0.0055	0.0041	0.0054	0.0058	0.0078
		（0.0134）	（0.0169）	（0.0051）	（0.0055）	（0.0085）	（0.0084）
	LEV	− 0.0327 ***	− 0.0224 **	0.0051	0.0164 ***	− 0.0231 ***	− 0.0097
		（0.0086）	（0.0102）	（0.0053）	（0.0058）	（0.0077）	（0.0083）
	CAP	0.0290 ***	0.0301 ***	0.0584 ***	0.0676 ***	0.0315 ***	0.0350 ***
		（0.0049）	（0.0069）	（0.0057）	（0.0070）	（0.0045）	（0.0056）
	NPL	− 0.0116 *	− 0.0064	− 0.0337 ***	− 0.0091	− 0.0120 **	− 0.0026
		（0.0067）	（0.0101）	（0.0070）	（0.0111）	（0.0059）	（0.0081）
常数项		3.2928 ***	2.1083 *	− 0.3973	− 2.2250 **	2.3154 ***	0.6628
		（0.9327）	（1.2480）	（0.7394）	（0.8899）	（0.8370）	（0.9969）
时间效应		no	yes	no	yes	no	yes
固定效应检验		14.25 ***	11.37 ***				
随机效应检验				27.21 ***	29.43 ***	70.60 ***	65.90 ***
方程显著性		6.30 ***	4.19 ***	265.74 ***	322.33 ***	85.30 ***	110.54 ***
R^2		0.5257	0.6092	0.3544	0.4798		
观测值		123	123	123	123	123	123

注：括号中的数字是标准差；栏（1）—（4）中使用的标准误为怀特的异方差校正标准误；*** 、** 、* 分别代表在 1% 、5% 和 10% 的显著性水平上显著。分析过程使用统计软件 Stata 12.0 完成。

（一）股权结构与银行绩效的关系

首先，CLS 的回归系数均通过了置信度为 95% 以上的显著性检验，即假设 H_{1a} 得到数据的经验支持。由此可以简单推断，银行第一大股东的性质会对银行经营绩效产生显著的负向影响，第一大股东的国有所有权性质的变化可以明显地提高经营绩效。

其次，$S1$ 的回归系数的估计值均为正，并且有 4 个通过了显著性水平为 5% 的 t 检验，回归结果与 H_{1b} 中关于"第一大股东持股比例与银行绩效负相关"的假设完全相反，实证结果表明"监督假说"成立，表明银行的第一大股东能够在公司治理中发挥积极作用。

再次，HC 的回归系数全部为负，有 4 个通过了显著性水平为 5% 的 t 检验，有 2 个通过了显著性水平为 10% 的 t 检验。表明降低第一大股东控股能力可以提高银行绩效，即与 H_{1b} 关于"第一大股东的控股能力与银行绩效负相关"的假设相符。事实上，若第二大股东持股比例能与第一大股东持股比例抗衡，则可以在一定程度上削弱大股东"一股独大"的控股地位，发挥其监督职能，从而使其对银行经营绩效产生正面影响。

最后，$CR10$ 的回归系数符号为负，有 3 个通过了显著性水平为 1% 的 t 检验。由此可以看出，股权越集中，银行经营绩效越差，结论与假设 H_{1c} 相反。这是由于我国银行的股权结构一般是通过兼并收购、代理权竞争和监督机制发挥作用的，分散的股权结构可以有效地避免内部人控制（朱建武，2005）。

（二）董事会与银行绩效的关系

首先，SBD 的回归系数均为正，且有 2 个通过了显著性水平为 1% 的 t 检验，有 2 个通过了显著性水平为 5% 的 t 检验。实证结果表明，假设 H_{2a} 未成立，董事会规模对商业银行绩效有显著的正影响。结合表 5-3 的统计结果，说明样本银行的董事会规模相对而言是较为合理的。从已有的研究文献来看，学者们认为董事会在惩罚不称职的管理者方面由于反应不果断而给银行经营绩效带来负面影响，关联贷款会随着董事的增加而增加并由此损害银行的经营绩效（Prowse，1997；Byook 等，2000），但本章的实证发现并不支持上述观点。

其次，IDR 的回归系数的符号有正有负，但均未通过显著性检验，即假设 H_{2b} 未得到数据的支持。这说明虽然我国商业银行独立董事的比例很高，但他们发挥的作用并不大，这一计量结果与 Byook 等（2000）的研究结论一致。

再次，*EDR* 的回归系数均通过了显著性水平为 10% 以上的 *t* 检验，并且回归系数的符号为正，与假设 H_{2c} 完全相反，表明执行董事比例对银行经营绩效有显著的正影响。从经济学逻辑上看，主要是由于较高的执行董事比例可以保证银行决策机制和执行机制的有效沟通，增强董事会确定的方针政策执行的有效性，同时促使董事会根据经理层的信息回馈做出正确的判断与决策，因此银行经营绩效能够得到提高。

最后，*TD* 的回归系数都没有通过 *t* 检验，即假设 H_{2d} 未得到数据的支持。但 *TD* 的回归系数符号均为负，这在一定程度上反映了目前我国银行董事会会议存在效率低下的现象。

（三）监事会与银行绩效的关系

首先，*SBS* 的回归系数都没有通过 *t* 检验，说明监事会规模对商业银行经营绩效没有显著的影响，即假设 H_{3a} 未得到数据的支持。究其根源是监事会功能的强弱并不以其规模大小来衡量，更取决于其运行机制的完善程度。

其次，*TS* 的回归系数只有 2 个通过了显著性水平为 10% 的 *t* 检验，可以判定监事会会议次数对商业银行经营绩效没有什么影响，即假设 H_{3b} 未得到数据的支持。与董事会会议次数相类似，监事会的例行会议次数多少并不一定意味着监事会的功能得到了很好的发挥，也不一定能保证监事会机制的高效率运行。

（四）高管薪酬激励与银行绩效的关系

在所有的回归结果中，*APE* 的回归系数都非常小，并且只有 1 个通过了显著性水平为 10% 的 *t* 检验，说明高管薪酬激励与银行经营绩效不存在显著的相关关系，即假设 H_{4a} 未得到数据的支持。出现这一结论的原因可能有两点：其一，我国上市银行的薪酬制度还不是很完善，银行高管人员的薪酬基本上是年薪制，与银行业绩高低没有必然联系；其二，非货币性福利提供了足够的激励，但本研究并没有涉及高管的灰色收入。

三　银行外部治理结构与银行绩效

表 5 - 8 报告了模型（5 - 5）的回归结果，其中栏（2）、栏（4）

和栏（6）还控制了时间效应。栏（1）—（2）是基于固定效应模型的组内估计结果，栏（3）—（4）是基于随机效应模型的 GLS 估计结果，栏（5）—（6）是基于随机效应模型的 MLE 估计结果。在回归的过程中，根据 F 检验 $[F(15, 95) = 22.54, p < 0.01]$ 的结果可知固定效应模型优于混合 OLS 回归；根据 LM 检验 $[chi2(1) = 88.63, p < 0.01]$ 的结果可知随机效应模型优于混合 OLS 回归；根据 Hausman 检验 $[chi2(12) = 60.72, p < 0.01]$ 的结果可知固定效应模型优于随机效应模型。可见，模型（5 - 5）适合采用固定效应模型来估计参数。表 5 - 8 同时还报告了随机效应模型的估计结果以进行对比分析，从而增强研究结论的可靠性。

表 5 - 8　　银行外部治理结构与经风险调整后的银行绩效关系的
面板数据回归结果

模型		固定效应模型		随机效应模型			
估计方法		Within 估计		GLS 估计		MLE 估计	
		（1）	（2）	（3）	（4）	（5）	（6）
自变量	RMI	0.0084	0.0660	0.0310	0.0412	0.0113	0.0703 **
		(0.0251)	(0.0410)	(0.0244)	(0.0324)	(0.0225)	(0.0324)
	FMI	0.2203 **	8.0234 **	0.5315 **	15.9371 **	0.2466 ***	7.3576 **
		(0.1031)	(4.0117)	(0.2336)	(7.9685)	(0.0913)	(3.6788)
	LPD	0.0145 ***	0.0245 **	0.0060	0.0031 ***	0.0149 *	0.0228 **
		(0.0053)	(0.0111)	(0.0096)	(0.0011)	(0.0083)	(0.0090)
	LDRR	- 0.0108	- 0.4599	- 0.0196 **	- 1.5248	- 0.0117 *	- 0.7834
		(0.0069)	(0.8972)	(0.0088)	(2.8950)	(0.0064)	(1.4209)
	IR	0.0559 ***	3.5710 **	0.0721 *	5.1204 **	0.0623 **	2.5692 **
		(0.0207)	(1.7855)	(0.0556)	(2.5602)	(0.0253)	(1.2843)
	M2R	0.0057	0.1909	0.0157 **	0.4414 ***	0.0065 *	0.2435 **
		(0.0042)	(0.2987)	(0.0069)	(0.1522)	(0.0039)	(0.1106)
	GDPR	0.0108 **	0.0090 **	0.0381 ***	0.0658 **	0.0135	0.0114 *
		(0.0046)	(0.0042)	(0.0132)	(0.0270)	(0.0087)	(0.0065)
	CPI	0.0135 **	0.0204 ***	0.0125	0.0215	0.0131 **	0.0208 **
		(0.0068)	(0.0063)	(0.0127)	(0.0348)	(0.0063)	(0.0096)
	RER	0.0030 **	0.0053 **	0.0003 ***	0.0033 **	0.0019 **	0.0066 *
		(0.0011)	(0.0022)	(0.0001)	(0.0015)	(0.0008)	(0.0036)

续表

模型		固定效应模型		随机效应模型			
估计方法		Within 估计		GLS 估计		MLE 估计	
		（1）	（2）	（3）	（4）	（5）	（6）
控制变量	OWN	（omitted）	（omitted）	− 0. 0233	− 0. 0425	− 0. 0093	0. 0176
				（0. 0543）	（0. 0568）	（0. 1402）	（0. 1344）
	LIST	0. 2122 ***	0. 2108 ***	0. 1242	0. 1211	0. 2215	0. 2198 **
		（0. 0344）	（0. 0412）	（0. 1539）	（0. 1562）	（0. 0907）	（0. 0874）
	SIZE	− 0. 0066	0. 0030	0. 0085 **	0. 0074 *	0. 0013	0. 0054
		（0. 0146）	（0. 0171）	（0. 0040）	（0. 0041）	（0. 0091）	（0. 0091）
	LEV	− 0. 0322 ***	− 0. 0293 ***	0. 0022	0. 0040	− 0. 0260 ***	− 0. 0219 ***
		（0. 0085）	（0. 0090）	（0. 0052）	（0. 0053）	（0. 0075）	（0. 0075）
	CAP	0. 0183 ***	0. 0222 ***	0. 0565 ***	0. 0647 ***	0. 0215 ***	0. 0260 ***
		（0. 0051）	（0. 0061）	（0. 0065）	（0. 0076）	（0. 0047）	（0. 0052）
	NPL	− 0. 0002	0. 0119	− 0. 0117	0. 0025	0. 0005	0. 0133
		（0. 0068）	（0. 0104）	（0. 0103）	（0. 0142）	（0. 0062）	（0. 0084）
常数项		2. 5126	20. 0372	− 2. 9808	− 8. 3458	1. 7826	3. 2394
		（1. 6045）	（34. 7682）	（2. 0370）	（6. 3039）	（1. 4522）	（3. 2728）
时间效应		no	yes	no	yes	no	yes
固定效应检验		22. 54 ***	20. 17 ***				
随机效应检验				88. 63 ***	91. 08 ***	109. 74 ***	110. 30 ***
方程显著性		8. 05 ***	4. 89 ***	183. 24 ***	189. 72 ***	89. 88 ***	100. 96 ***
R^2		0. 5427	0. 5797	0. 3660	0. 3840		
观测值		125	125	125	125	125	125

注：括号中的数字是标准差；栏（1）—（4）中使用的标准误为怀特的异方差校正标准误；*** 、 ** 、 * 分别代表在 1%、5% 和 10% 的显著性水平上显著。分析过程使用统计软件 Stata 12. 0 完成。

（一）制度环境与银行绩效的关系

首先，RMI 的回归系数都比较小，并且只有 1 个通过了显著性水平为 5% 的 t 检验，表明区域市场化指数对银行经营绩效没有显著影响，即假设 H_{5a} 未得到数据的支持。

其次，FMI 的回归系数的符号均为正，并且全部通过了显著性水平为5%的显著性检验，说明市场化指数对银行经营绩效具有显著的正向影响，即假设H_{5b}得到数据的支持。

最后，LPD的回归系数的符号均为正，其中有5个通过了显著性水平为10%的t检验，有4个通过了显著性水平为5%的t检验，表明区域法律执行效率有益于提高银行经营绩效，即假设H_{5c}得到数据的支持。

综合起来，一个有效率的制度环境能为银行的健康发展提供稳健缔约环境，提升银行经营绩效。

（二）货币环境与银行绩效的关系

首先，LDRR的回归系数只有2个通过了显著性水平为10%的显著性检验，即假设H_{6a}未得到数据的支持。这说明央行提高存款准备金率只能降低银行绩效的预期，但银行的实际经营效益却是增加的。

其次，IR的回归系数有5个通过了显著性水平为5%的t检验，假设H_{6b}得到数据的支持，表明利率的提高对银行经营绩效有正向的作用。

最后，M2R的回归系数的符号均为正，且有3个通过了显著性水平为5%的显著性检验，1个通过了显著性水平为10%的t检验，即假设H_{6c}得到数据的支持。这说明中央银行增加货币的投放，货币增加的速度越快，银行绩效越高。

（三）其他宏观经济环境与银行绩效的关系

首先，GDPR的回归系数有5个通过了显著性水平为10%以上的t检验，且符号均为正，即假设H_{7a}得到数据的支持。这说明随着区域国内生产总值的增长，商业银行的绩效有显著的提高。

其次，CPI的回归系数有4个通过了显著性水平为5%的显著性检验，即假设H_{7b}得到数据的支持。这说明消费者价格指数越高，借款人未来还款额的实际现值越低，相应地，借款人的还款负担越轻，银行的不良贷款率就会下降，从而银行绩效得到提升。

最后，RER的回归系数全部通过了显著性水平为10%以上的t检验，且符号均为正，即假设H_{7c}得到数据的支持。这说明房地产价格下降确实会对商业银行的资产收益产生负向的影响。

第四节　稳健性检验

为了考察研究结论的稳健性，我们首先将银行绩效指标 *RAROA* 替换成经风险调整后的净资产收益率 *RAROE* 以考察模型的敏感性，模型（5-4）和模型（5-5）的检验结果分别见表 5-9 和表 5-10，所得到的参数方向一致，显著性也类似。

表 5-9　　　　　银行内部治理结构与经风险调整后的银行绩效
关系的稳健性检验结果

模型		固定效应模型		随机效应模型			
估计方法		Within 估计		GLS 估计		MLE 估计	
		（1）	（2）	（3）	（4）	（5）	（6）
自变量	CLS	-0.8361 ***	-0.7852 **	-3.2124 ***	-2.9005 ***	-0.9925 **	-1.1898 ***
		(0.3096)	(0.3926)	(0.8256)	(0.8426)	(0.4962)	(0.4406)
	S1	0.3280 ***	0.2632 **	0.3059 ***	0.2772 ***	0.2770 ***	0.1873 **
		(0.0994)	(0.1182)	(0.0946)	(0.1066)	(0.0859)	(0.0889)
	HC	-0.1509 **	-0.1342 **	-0.1801 **	-0.1828 **	-0.1463 **	-0.1164 *
		(0.0743)	(0.0505)	(0.0716)	(0.0816)	(0.0638)	(0.0661)
	CR10	-0.1256 ***	-0.0873	-0.1362 ***	-0.1176 **	-0.1018 **	-0.0508 *
		(0.0371)	(0.0694)	(0.0423)	(0.0465)	(0.0475)	(0.0298)
	SBD	0.2221	0.2178	0.4359 **	0.4026 **	0.1884 ***	0.2163 *
		(0.1558)	(0.1608)	(0.1881)	(0.2030)	(0.0697)	(0.1259)
	IDR	-0.0652 *	-0.0604	0.0053	-0.0058	-0.0352	-0.0384
		(0.0373)	(0.0399)	(0.0395)	(0.0429)	(0.0327)	(0.0317)
	EDR	0.0830 ***	0.0905 **	0.0107	0.0134 **	0.0519 *	0.0646 **
		(0.0278)	(0.0387)	(0.0342)	(0.0067)	(0.0311)	(0.0294)
	TD	-0.0678	-0.0671	-0.0021	-0.0040	-0.0554	-0.0536
		(0.0692)	(0.0706)	(0.0867)	(0.0898)	(0.0633)	(0.0596)
	SBS	0.1847	0.1001	0.2366	0.0756	0.1490	0.0843
		(0.2178)	(0.2200)	(0.1839)	(0.1928)	(0.1866)	(0.1727)
	TS	0.0565	0.0100	0.1156	0.0094	0.0689	0.0136
		(0.1118)	(0.1153)	(0.1614)	(0.1718)	(0.1035)	(0.0979)
	APE	0.0006	0.0004	0.0026	0.0058 **	0.0005	0.0015
		(0.0016)	(0.0020)	(0.0020)	(0.0024)	(0.0015)	(0.0017)

续表

模型		固定效应模型		随机效应模型			
估计方法		Within 估计		GLS 估计		MLE 估计	
		(1)	(2)	(3)	(4)	(5)	(6)
控制变量	OWN	(omitted)	(omitted)	− 4. 5270 ***	− 5. 2026 ***	− 1. 5390	− 2. 7503
				(1. 3500)	(1. 4058)	(2. 4920)	(2. 3288)
	LIST	6. 4444 ***	5. 9966 ***	3. 8719	5. 1158 *	6. 0211 ***	5. 6346 ***
		(2. 1517)	(2. 1963)	(2. 8807)	(3. 0831)	(1. 9837)	(1. 8541)
	SIZE	0. 4295 **	0. 1738	0. 0347	0. 0318	0. 1905	0. 1084
		(0. 1781)	(0. 2924)	(0. 0845)	(0. 0955)	(0. 1437)	(0. 1399)
	LEV	− 0. 1485	− 0. 0150	0. 1498 *	0. 2403 **	− 0. 0334	0. 0916
		(0. 1529)	(0. 1763)	(0. 0887)	(0. 1020)	(0. 1253)	(0. 1290)
	CAP	0. 2129 ***	0. 1351	0. 4865 ***	0. 3981 ***	0. 2254 ***	0. 1576 *
		(0. 0650)	(0. 1196)	(0. 0942)	(0. 1230)	(0. 0776)	(0. 0919)
	NPL	− 0. 0443	− 0. 0609	− 0. 5275 ***	− 0. 3681 *	− 0. 1018	− 0. 0481
		(0. 1183)	(0. 1749)	(0. 1164)	(0. 1943)	(0. 1063)	(0. 1385)
常数项		9. 6131	2. 6677	− 11. 0090	− 18. 9654	1. 9338	− 7. 6066
		(16. 5381)	(21. 6474)	(12. 2842)	(15. 5560)	(13. 6340)	(15. 6237)
时间效应		no	yes	no	yes	no	yes
固定效应检验		11. 77 ***	11. 63 ***				
随机效应检验				23. 79 ***	38. 05 ***	57. 67 ***	70. 27 ***
显著性水平		2. 64 ***	2. 31 ***	147. 05 ***	162. 40 ***	40. 45 ***	70. 45 ***
R^2		0. 3171	0. 4617	0. 1266	0. 2961		
观测值		123	123	123	123	123	123

注：括号中的数字是标准差；栏 (1) — (4) 中使用的标准误为怀特的异方差校正标准误；*** 、** 、* 分别代表在1% 、5% 和10% 的显著性水平上显著。分析过程使用统计软件 Stata 12. 0 完成。

表 5 - 10 银行外部治理结构与经风险调整后的银行绩效
关系的稳健性检验结果

模型		固定效应模型		随机效应模型			
估计方法		Within 估计		GLS 估计		MLE 估计	
		(1)	(2)	(3)	(4)	(5)	(6)
自变量	RMI	0.3010	0.6902	1.0534 **	0.7500	0.0284	0.9429 *
		(0.4509)	(0.7056)	(0.4120)	(0.5464)	(0.4028)	(0.5445)
	FMI	5.5666 **	215.6643 *	11.8242 ***	166.1778 *	5.8444 **	200.0000
		(2.6134)	(117.3122)	(3.9391)	(90.8075)	(2.9330)	(247.4057)
	LPD	0.3257 **	0.5486 ***	0.1868 ***	0.2846 **	0.2680 *	0.4702 ***
		(0.1121)	(0.1918)	(0.0452)	(0.1171)	(0.1463)	(0.1542)
	LDRR	-0.0914	-12.3116 *	-0.2298	-15.7331	-0.1157	-20.2467
		(0.1230)	(6.5319)	(0.2112)	(48.8552)	(0.1140)	(24.4302)
	IR	0.8807 *	93.3275 *	1.1147 **	44.5552 **	1.0191 ***	70.5469 *
		(0.4270)	(49.5660)	(0.5208)	(18.7206)	(0.4142)	(33.6884)
	M2R	0.0286	4.3595 *	0.2512 **	5.3398 ***	0.0512 **	5.7679 *
		(0.0754)	(2.2494)	(0.1162)	(1.6951)	(0.0221)	(3.3534)
	GDPR	0.0295 **	0.0751 ***	0.6232 ***	1.4220 ***	0.1142 **	0.0007
		(0.0127)	(0.0182)	(0.2221)	(0.4554)	(0.0493)	(0.2734)
	CPI	0.0574 **	0.1196 ***	0.0832 **	0.4341 *	0.0594	0.1850 **
		(0.0249)	(0.0378)	(0.0381)	(0.2629)	(0.1120)	(0.0860)
	RER	0.2387 **	0.3459 *	0.0664	0.0804	0.1643 **	0.2721 *
		(0.1115)	(0.2063)	(0.1091)	(0.1465)	(0.0711)	(0.1450)
控制变量	OWN	(omitted)	(omitted)	-0.5817	-0.7036	0.3324	0.4782
				(0.9162)	(0.9578)	(2.0649)	(2.0486)
	LIST	4.0556 ***	3.8942 ***	2.1150	2.0089	3.9978 **	3.8293 **
		(0.3363)	(0.4418)	(2.5958)	(2.6358)	(1.6154)	(1.4986)
	SIZE	-0.0483	-0.0320	0.0533	0.0436	0.0444	0.0494
		(0.2623)	(0.2954)	(0.0682)	(0.0694)	(0.1427)	(0.1434)
	LEV	-0.1126	-0.0617	0.0097	0.0225	-0.0595	-0.0181
		(0.1521)	(0.1546)	(0.0873)	(0.0900)	(0.1229)	(0.1193)
	CAP	0.0690 **	0.0370	0.3873 ***	0.4288 ***	0.0899 **	0.0734
		(0.0312)	(0.1045)	(0.1099)	(0.1283)	(0.0305)	(0.0855)
	NPL	0.1441 *	0.1338	-0.0313	-0.0456	0.1249	0.1356
		(0.0722)	(0.1793)	(0.1733)	(0.2392)	(0.1090)	(0.1425)

模型	固定效应模型		随机效应模型			
估计方法	Within 估计		GLS 估计		MLE 估计	
	(1)	(2)	(3)	(4)	(5)	(6)
常数项	23. 1516	537. 7864	− 56. 6036*	− 81. 1240	10. 9057	93. 1112*
	(28. 7773)	(598. 8763)	(34. 3514)	(106. 3839)	(25. 3011)	(55. 8963)
时间效应	no	yes	no	yes	no	yes
固定效应检验	19. 19***	19. 14***				
随机效应检验			126. 09***	125. 33***	101. 31***	109. 66***
方程显著性	3. 57***	2. 84***	83. 77***	91. 17***	48. 35***	67. 03***
R^2	0. 3450	0. 4447	0. 1671	0. 1860		
观测值	125	125	125	125	125	125

注：括号中的数字是标准差；栏（1）—（4）中使用的标准误为怀特的异方差校正标准误；***、**、*分别代表在1%、5%和10%的显著性水平上显著。分析过程使用统计软件Stata 12. 0 完成。

其次，为了考察研究结论的稳健性，我们把内部治理变量和外部治理变量放入同一个计量模型中考察绩效的影响因素，即将模型（5 – 4）和模型（5 – 5）中显著的变量置于同一模型，设定如下的计量模型：

$$RAROA = \lambda_0 + \gamma + \lambda_1 CLS + \lambda_2 S1 + \lambda_3 HC + \lambda_4 CR10 + \lambda_5 SBD +$$
$$\lambda_6 EDR + \lambda_7 FMI + \lambda_8 LPD + \lambda_9 IR + \lambda_{10} M2R + \lambda_{11} GDPR + \lambda_{12} CPI +$$
$$\lambda_{13} RER + \lambda_{14} OWN + \lambda_{15} LIST + \lambda_{16} SIZE + \lambda_{17} LEV + \lambda_{18} CAP + \lambda_{19} NPL +$$
$$\sum_{k=20}^{32} \alpha_k YEAR_k + \varepsilon \qquad (5 - 6)$$

其中：γ 为个体效应，λ_0 为常数项，λ_k 为方程回归系数，ε 为随机扰动项。CLS、$S1$、HC、$CR10$、SBD 和 EDR 属于银行内部治理结构变量；FMI、LPD、IR、$M2R$、$GDPR$、CPI 和 RER 属于银行外部治理结构变量；OWN、$LIST$、$SIZE$、LEV、CAP、NPL 和 $YEAR$ 为模型控制变量。

模型（5 – 6）的实证结果如表 5 – 11 所示。由表 5 – 11 可知，在所建立的计量模型中同时纳入银行内部和外部治理结构变量，模型所得到的参数方向和显著性均与前文基本保持一致。这说明前文所建立的两个分别用以研究银行内部治理结构和外部治理结构对银行经营绩效影响的计量模型并没有遗漏重要的变量，模型设定是合理的，同时所得到的研究结论也是稳健的。

表 5 – 11　　　　　　　　　　模型（5 – 6）的回归结果

模型		固定效应模型		随机效应模型			
估计方法		Within 估计		GLS 估计		MLE 估计	
		（1）	（2）	（3）	（4）	（5）	（6）
自变量	CLS	– 0. 1388 ***	– 0. 1658 ***	– 0. 2254 ***	– 0. 2286 ***	– 0. 1504 ***	– 0. 1736 ***
		（0. 0579）	（0. 0573）	（0. 0458）	（0. 0475）	（0. 0471）	（0. 0468）
	S1	0. 0083 ***	0. 0074	0. 0032 **	0. 0013 ***	0. 0061 **	0. 0045
		（0. 0031）	（0. 0061）	（0. 0015）	（0. 0004）	（0. 0029）	（0. 0050）
	HC	– 0. 0023 ***	– 0. 0041 **	– 0. 0021	– 0. 0017 ***	– 0. 0015 **	– 0. 0029
		（0. 0008）	（0. 0020）	（0. 0049）	（0. 0006）	（0. 0006）	（0. 0036）
	CR10	– 0. 0087 **	– 0. 0059 **	– 0. 0017	– 0. 0005	– 0. 0066 **	– 0. 0035 ***
		（0. 0035）	（0. 0027）	（0. 0028）	（0. 0029）	（0. 003）	（0. 0012）
	SBD	0. 0068	0. 0059	0. 0309 ***	0. 0302 ***	0. 0105 *	0. 0093 **
		（0. 0068）	（0. 0073）	（0. 0095）	（0. 0099）	（0. 0061）	（0. 0044）
	EDR	0. 0029 **	0. 0031 ***	0. 0023	0. 0028	0. 0024 **	0. 0027 *
		（0. 0011）	（0. 0009）	（0. 0018）	（0. 0018）	（0. 0011）	（0. 0015）
	FMI	0. 0808 **	2. 8856 *	0. 1889 *	31. 8750 ***	0. 1056 **	0. 9296
		（0. 0032）	（1. 5267）	（0. 1087）	（11. 5489）	（0. 0522）	（14. 0646）
	LPD	0. 0051 **	0. 0180 **	0. 0152 ***	0. 0160 **	0. 0053 **	0. 0171 *
		（0. 0020）	（0. 0070）	（0. 0057）	（0. 0075）	（0. 0019）	（0. 0095）
	IR	0. 0056 **	0. 0210 *	0. 0341 ***	10. 6298 ***	0. 0103	0. 3755
		（0. 0027）	（0. 0111）	（0. 0125）	（3. 8374）	（0. 0125）	（4. 7435）
	M2R	0. 0010 *	0. 2605 **	0. 0009 ***	6. 3898	0. 0011 **	0. 2514 ***
		（0. 0005）	（0. 1122）	（0. 0003）	（5. 1820）	（0. 0005）	（0. 0907）
	GDPR	0. 0095	0. 0096	0. 0222 **	0. 0431 **	0. 0111 **	0. 0125 ***
		（0. 0085）	（0. 0191）	（0. 0099）	（0. 0193）	（0. 0047）	（0. 0043）
	CPI	0. 0076 *	0. 0214 *	0. 0166	0. 0069 **	0. 0039 **	0. 0157
		（0. 0043）	（0. 0120）	（0. 0197）	（0. 0029）	（0. 0019）	（0. 0165）
	RER	0. 0018 *	0. 0013 **	0. 0005	0. 0009	0. 0017 *	0. 0010 *
		（0. 0011）	（0. 0006）	（0. 0017）	（0. 0021）	（0. 0010）	（0. 0005）

续表

模型		固定效应模型		随机效应模型			
估计方法		Within 估计		GLS 估计		MLE 估计	
		(1)	(2)	(3)	(4)	(5)	(6)
控制变量	OWN	(omitted)	(omitted)	−0.2059 **	−0.2331 ***	0.0435	−0.0108
				(0.0825)	(0.0867)	(0.1544)	(0.1501)
	LIST	0.2335 **	0.2635 **	0.1564	0.1802	0.2331 **	0.2618 ***
		(0.1095)	(0.1124)	(0.1666)	(0.1683)	(0.0999)	(0.0963)
	SIZE	0.0040	0.0156	0.0008	−0.0003	0.0039	0.0085
		(0.0151)	(0.0184)	(0.0050)	(0.0052)	(0.0089)	(0.0093)
	LEV	−0.0309 ***	−0.0287 ***	0.0064	0.0092	−0.0222 ***	−0.0180 **
		(0.0084)	(0.0095)	(0.0052)	(0.0056)	(0.0075)	(0.0080)
	CAP	0.0248 ***	0.0267 ***	0.0571 ***	0.0608 ***	0.0272 ***	0.0290 ***
		(0.0049)	(0.0062)	(0.0055)	(0.0068)	(0.0043)	(0.0050)
	NPL	−0.0060	−0.0017	−0.0209 **	−0.0103	−0.0052	−0.0009
		(0.0072)	(0.0102)	(0.0100)	(0.0130)	(0.0065)	(0.0082)
常数项		2.6373	2.7946	1.9528	−1.80E+02	2.0746	7.6726
		(1.9636)	(6.1713)	(2.7261)	(141.2233)	(1.7784)	(77.9781)
时间效应		no	yes	no	yes	no	yes
固定效应检验		15.12 ***	12.85 ***				
随机效应检验				28.06 ***	27.97 ***	76.42 ***	72.90 ***
方程显著性		7.27 ***	4.69 ***	304.49 ***	322.05 ***	103.41 ***	115.70 ***
R^2		0.5897	0.6296	0.4165	0.4539		
观测值		125	125	125	125	125	125

注：括号中的数字是标准差；栏（1）—（4）中使用的标准误为怀特的异方差校正标准误；***、**、*分别代表在1%、5%和10%的显著性水平上显著。分析过程使用统计软件 Stata 12.0 完成。

第五节 小结

本章基于我国上市商业银行的相关数据，对商业银行绩效的影响因素进行了实证研究，重点考察制度环境对银行绩效的影响。

首先，本章在传统的 *ROA* 和 *ROE* 绩效指标中引入银行风险，将银行获得的收益与其所承担的特定风险直接挂钩，构建出经过风险调整的 *RAROA* 和 *RAROE* 绩效指标，并以风险调整的绩效指标作为实证分析的基础。

其次，本章从银行内部治理结构和外部治理结构两个角度来构建银行绩效的影响因素，其中内部治理结构包括银行的股权结构、董事会、监事会和高管薪酬四个方面，外部治理结构包括制度环境、货币环境和其他宏观经济环境三个方面。

最后，经验研究发现：

第一，影响商业银行绩效的重要因素包括内部治理结构变量和外部治理结构变量，其中内部治理变量有第一大股东性质、第一大股东的持股比例、第一大股东的控股能力、股权集中度、执行董事比例；外部治理结构变量有金融市场化指数、区域法律执行程度、法定存款准备金率、货币投放数量、区域经济增长率、区域物价水平、区域房价水平。

第二，制度环境因素中的区域市场化指数在银行绩效中所起的作用并不大，而金融市场化指数和区域法律执行程度能对银行绩效有显著的正影响。

第三，央行加大货币投放能提高银行绩效。

第六章　结束语

第一节　主要结论

本书从资本市场信息非对称出发，试图构建理论模型对制度环境影响商业银行信贷审批、贷款利率定价及绩效的机理进行合理的解释，并利用商业银行的微观信贷数据及上市商业银行的面板数据对信贷审批和绩效的影响因素进行了实证检验。本书的主要结论归纳为以下几点。

一是商业银行的信贷决策受到融资企业非对称信息和各种制度性的转轨特征信息的约束，信贷决策从本质上讲是信息非对称的资本市场中商业银行和融资企业之间的一种贷款合约设计。

从理论上来看，信贷决策涉及非对称信息。事实上，商业银行和融资企业之间存在着事前的非对称信息和事后的非对称信息两大类。在事前非对称信息的资本市场中，会产生"劣币驱逐良币"的"逆向选择"现象；在事后非对称信息的资本市场中，会发生机会主义的"道德风险"行为。这两种行为表明融资企业会利用其拥有的私人信息损害商业银行的利益，从而影响商业银行绩效。因此，在信息非对称下，理性的商业银行为了维护自身的利益，不仅依靠贷款利率来决定对企业的贷款，而且还综合考虑"逆向选择"行为和"道德风险"行为发生的可能性来确定对企业是否贷款及贷款利率的高低。因此，信贷决策从本质上讲是信息非对称的资本市场中商业银行和融资企业之间的一种贷款合约设计。

中国具有新兴加转轨的制度特征。中国的商业银行在进行信贷决策时，不仅受到企业相关信息不确定性因素的约束，而且还受到各种制度性的转轨特征信息的约束。

这种制度特征界定了商业银行和融资企业在签订贷款合约时所处的政策环境，其中政策环境包括政府对债务延期的管制、司法体系的效率和公正、对银行的资本充足率和风险管理规定、对银行设立分支机构的管制、促进银行竞争有关政策等。不可避免地，这些政策环境极大地影响了贷款合约的签订，从而进一步影响了商业银行的绩效。

二是理论演绎表明制度环境是影响信贷决策及商业银行绩效的重要因素。

本书的信贷决策理论模型以商业银行和企业之间存在事后非对称信息为基本假定，以泰勒尔的外部融资分析框架为基础构建。其中自有资产不足的企业家进行一项风险投资，必须要向银行借钱；一旦企业获得贷款资金，其经营者会采取不努力工作的道德风险行为。企业家和银行之间的博弈及讨价还价能力决定了贷款合约，从而有效地解决企业的道德风险行为。

次优贷款合约是信息非对称下满足银行参与约束和企业家激励相容约束且使社会剩余达到最大的贷款合约，其中次优贷款合约的形式与企业家的资金实力强弱有关：资金实力强的企业无须诉求抵押就可以"便宜"地获得银行贷款；资金实力中等的企业则以抵押的方式"昂贵"地获得银行贷款；资金实力较弱的企业则无法获得银行贷款。

信贷环境的变化通过影响企业的信贷可得性及均衡贷款利率的高低，进而影响到银行的绩效。其中信贷环境的恶化表现为三个方面：第一，企业和商业银行之间的贷款合约违约概率普遍提高，商业银行的名义收益权被实施的可能性降低；第二，银行在项目投资失败的情况下很难征收到企业的抵押物或全部财产，抵押物的实施力度变弱；第三，法庭的执行效率差，银行在企业违约时征收抵押品存在较高的交易成本。理论和数值模拟计算表明随着信贷环境的恶化，企业越难获得银行的贷款支持，信贷配给现象越严重；随着信贷环境的恶化，均衡贷款利率越低，企业的绩效越差。

三是基于银行微观信贷数据的实证检验揭示，政府通过产业政策指导这种间接干预对商业银行的贷款利率定价和信贷审批产生显著性影响，银行的信贷决策并不存在企业的所有权歧视。

本书基于我国商业银行的微观信贷数据，综合利用 Probit 模型、Logit 模型和 Heckman 两步法等技术手段，从盈利能力、企业规模、财务杠杆、贷款规模、贷款期限、担保方式、信用评价七个方面全面考察了商业银行信贷决策的影响因素，并重点检验了所有权和产业政策指导对商业银行贷款利率定价和信贷审批的影响，为研究政府干预、产权如何影响非上市企业的融资成本提供了新的证据，弥补了现有研究文献的不足。

实证结果显示：

第一，产业政策指导这种政府间接干预对银行的信贷审批及贷款利率定价均具有指导性的作用。其中重点支持类的企业相比一般支持类的企业更容易获得银行贷款，且获得贷款的利率也会更低；一般支持类企业相比限制类企业更容易获得银行贷款，且获得贷款的利率也会更低。

第二，商业银行的信贷决策并不存在企业的所有权歧视，即所有权属性不同的企业在是否获取贷款及贷款利率的高低方面没有显著性差异。

第三，企业资产规模是影响银行信贷决策的重要因素，既影响到银行的信贷审批决策，也影响到银行的贷款定价。

第四，贷款规模、贷款期限、资产抵押担保方式、企业的信用历史记录、企业盈利能力等因素是银行信贷决策的重要影响因素。

四是基于上市银行面板数据的实证研究表明，影响银行绩效的重要因素包括内部治理结构变量和外部治理结构变量，其中利率的提高对银行经营绩效有正向作用；制度环境和货币政策对银行绩效产生重要影响。

本书基于我国上市银行 1999 年至 2012 年的面板数据，在测算出银行绩效、风险承担水平的基础上，利用非平衡面板数据模型分别考察了内部治理结构和外部治理结构对银行绩效的影响，着重检验了区域市场化程度、金融市场化程度、区域法律执行程度、法定存款准备金率、广义货币增长率等对商业银行风险调整之后的绩效的影响。

实证结果显示：

第一，影响银行绩效的重要因素包括内部治理结构变量和外部治理结构变量，其中内部治理变量有第一大股东性质、第一大股东的持股比例、第一大股东的控股能力、股权集中度、执行董事比例等；外部治理结构变量有金融市场化指数、区域法律执行程度、法定存款准备金率、货币投放数量、区域经济增长率、区域物价水平、区域房价水平等。

第二，制度环境因素中的区域市场化指数在银行绩效中所起的作用并不大，而金融市场化指数和区域法律执行程度才是银行高绩效的要因。

第三，央行加大货币投放能提高银行绩效。

第二节　政策启示

本书的理论和实证研究具有以下几个政策启示：

第一，贷款利率是商业银行绩效的重要构成成分，是商业银行利润的重要来源。贷款合约的设计，是商业银行面临的重大理论和现实问题，应该在利率市场化改革的背景下完善贷款合约的设计，建立较为严格的授权管理体制和责任追究制度。

第二，为提高贷款配置效率和绩效率，商业银行应提高对企业相关信息的了解和掌握，收集和积累中小企业包括其非财务信息在内的各种硬信息和软信息，完善客户评级系统等贷款定价关键技术工具。

第三，相关的银行监管部门对商业银行贷款利率定价和信贷审批的政策，不应规定"一刀切"，应充分考虑商业银行和地区制度环境差异性，增强商业银行对不同风险特征、不同资产规模、不同信用特征的企业贷款的弹性。

第四，信贷配给的重要原因是信息非对称和资产实力弱，特别是对中小企业而言，资产规模较小，基本上没有"厚实"的实物资本做抵押，商业银行自然会选择对中小企业实行信贷配给。因此，应充分认识和重视中小企业担保体系建设，建立起多层次的中小企业信用担保机构和担保制度。

第三节　有待进一步研究的问题

本书以存在信息非对称和外部融资分析框架为前提，建立了信贷决策的理论模型，对制度环境影响信贷决策和绩效的机理进行了诠释，对有关的理论结论进行了计量分析。从总体上看，本书从理论和实证两个角度较好地回答了"政府干预""法制水平"等制度环境对银行信贷决策产生何种影响及制度环境变化对商业银行绩效产生"什么样"的影响的问题。但是，信贷决策所涉及的复杂理论和实证问题显然不可能在本书中全部得以解决。就笔者对研究思路的理解和本书的局限性而言，商业银行信贷决策研究领域有以下几个方面的问题值得进一步研究。

一　理论建模

本书关于银行与企业家的贷款合约的理论建模和微观机理研究，是在一系列严格假设下进行的，比如，单期投资、企业家风险中性、信贷市场完全竞争、企业家具有讨价还价能力等。这些假设与中国现实信贷市场有一定的差距。

本书的研究承袭了非对称信息的外部融资框架，借助于利率传导机制，将信贷市场中商业银行和企业的行为，完全置于纯粹的市场经济环境下进行抽象推理，这与中国现实中银行内部的实际信贷决策过程也有一定的差距，无疑削弱了理论研究对中国现实问题的解释力。

因此，构建更符合中国信贷市场实际情况及凸显中国转轨经济特有的结构性信贷的理论模型，使信贷决策的理论分析更符合现实需要更进一步的深入研究。

二　样本及数据

商业银行信贷决策的经验研究普遍碰到的一大难题是缺乏覆盖面较广的信贷微观数据，数据较少是目前无法克服的困难。笔者利用在商业银行从事过信贷审批和管理工作多年的机会，艰难地收集到了商业银行信贷决策的一些微观数据，为商业银行的信贷决策研究提供了一定的经验证据。但是，这些数据时间较短，未能覆盖所有的商业银行，在此基础上得出的实证结论应有一定的适用范围和针对性。毫无疑问，采用更多的、更有说服力的信贷微观数据对信贷决策的影响因素进行深入研究仍然值得期待。这是笔者未来进一步需要完成的工作。

参考文献

一 英文文献

V. Viral Acharya, Iftekhar Hasan and Anthony Saunders, "Should Banks Be Diversified? Evidence from Individual Bank Loan Portfolios", *Journal of Business*, Vol. 79, No. 3, 2006.

Tobias Adrian and Hyun Song Shin, "Liquidity and Leverage", *Journal of Financial Intermediation*, Vol. 19, No. 3, 2010.

P. Aghion and P. Bolton, "An Incomplete Contracts Approach to Financial Contracting", *Review of Economic Studies*, Vol. 59, No. 3, 1992.

Aigbe Akhigbe and Ann M. Whyte, "Changes in Market Assessments of Bank Risk Following the Riegle-Neal Act of 1994", *Journal of Banking and Finance*, Vol. 27, No. 1, 2003.

F. Allen, J. Qian and M. Qian, "Law, Finance, and Economic Growth in China", *Journal of Financial Economics*, Vol. 77, No. 1, 2005.

E. I. Altman, "Financial Ratios, Discriminant Analysis and the Prediction of Corporate Bankruptcy", *Journal of Finance*, Vol. 23, No. 4, 1968.

P. Andersson, "Does Experience Matter in Lending? A Process-tracing Study on Experienced Loan Officers ' and Novices ' Decision Behavior", *Journal of Economic Psychology*, Vol. 25, No. 4, 2004.

J. Ang, Y. Cheng and C. Wu, "Social Capital, Cultural Biases and Foreign Investment in High Tech Firms: Evidence from China", Working Paper, Florida State University, 2009.

Anthony Saunders, "Banking and Commerce: An Overview of the Public Policy Issues", *Journal of Banking and Finance*, Vol. 18, No. 2, 1994.

Lieven Baele, Olivier De Jonghe and Rudi Vander Vennet, "Does the Stock Market Value Bank Diversification?" *Journal of Banking and Finance*, Vol. 31, No. 7, 2007.

P. R. Beaulieu, "A Note on the Role of Memory in Commercial Loan Officers' Use of Accounting and Character Information", *Accounting, Organizations and Society*, Vol. 21, No. 6, 1996.

Benjamin E. Hermalin and Michael L. Katz, "Moral Hazard and Verifiability: The Effects of Renegotiation in Agency", *Econometrica*, Vol. 59, No. 6, 1991.

Allen N. Berger and Loretta J. Mester, "Inside the Black Box: What Explains Differences in the Efficiencies of Financial Institutions?" *Journal of Banking and Finance*, Vol. 21, No. 7, 1997.

Allen N. Berger and Robert DeYoung, "The Effects of Geographic Expansion on Bank Efficiency", *Journal of Financial Services Research*, Vol. 19, No. 2, 2001.

A. N. Berger, L. F. Klapper and R. Turk Ariss, "Bank Competition and Financial Stability", World Bank Policy Research Working Paper, No. 4696, 2008.

D. Berkowitz, K. Pistor and J. F. Richard, "Economic Development, Legality, and the Transplant Effect", *European Economic Review*, Vol. 47, No. 1, 2003.

O. Blanchard and A. Shleifer, "Federalism with and without Political Centralization: China Versus Russia", *IMF Staff Papers*, Vol. 48, No. 4, 2000.

R. Bliss and G. G. Kaufman, "Bank Procyclicality, Credit Crunches, and Asymmetric Monetary Policy Effects: A Unifying Model", *Journal of Applied Finance*, Vol. 13, No. 2, 2003.

Arnoud W. A. Boot and A. V. Thakor, "Moral Hazard and Secured Lending in an Infinitely Repeated Credit Market Game", *International Economic Review*, Vol. 35, No. 4, 1994.

Arnoud W. A. Boot and Anjolein Schmeits, "Market Discipline and Incentive Problems in Conglomerate Firms with Applications to Banking", *Journal of Financial Intermediation*, Vol. 9, No. 3, 2000.

C. Borio and H. Zhu, "Capital Regulation, Risk-Taking and Monetary Policy: A Missing Link in the Transmission Mechanism?" BIS Working Paper, No. 268, 2008.

James A. Brickley, James S. Linck and Chfford W. Smith Jr. , "Boundaries of the Firm: Evidence from the Banking Industry", *Journal of Financial Economics*, Vol. 70, 2003.

S. Chong, Beng, "The Effects of Interstate Banking on Commercial Banks' Risk and Profi-tability", *The Review of Economics and Statistics*, Vol. 73, 1991.

K. M. V. Corporate, "Credit Monitor Overview", San Francisco, No. 3, 1993.

S. Corvoisier and Gropp R. , "Bank Concentration and Retail Interest Rates", *Journal of Banking & Finance*, Vol. 26, No. 11, 2002.

Credit Suisse, "Credit Risk + : A Credit Risk Management Framework", *Credit Suisse Financial Product*, 1997.

P. Danos, D. L. Holt and E. A. Imhoff, "The Use of Accounting Information in Bank Lending Decisions", *Accounting, Organizations and Society*, Vol. 14, No. 3, 1989.

David Reifschneider and Rodney Stevenson, "Systematic Departures from the Frontier: A Framework for the Analysis of Firm Inefficiency", *International Economic Review*, Vol. 32, No. 3, 1991.

M. D. Delis and G. P. Kouretas, "Interest Rates and Bank Risk-Taking", *Journal of Banking and Finance*, Vol. 35, No. 4, 2011.

DeLong, L. Gayle, "Stockholder Gains from Focusing Versus Diversifying Bank Mergers", *Journal of Financial Economics*, Vol. 59, 2001.

Demsetz, S. Rebecca and E. Philip Strahan, "Diversification, Size, and Risk at Bank Holding Companies", *Journal of Money, Credit, and Banking*, Vol. 29, 1997.

G. De Nicolo, G. D. Ariceia, L. Laeven and F. Valencia, "Monetary Policy and Bank Risk Taking", IMF Staff Position Note, No. SPN/10/09, 2010.

J. Dermine, "Deposit Rates, Credit Rates and Bank Capital: Monti-Klein Model Revisited", *Journal of Banking and Finance*, Vol. 10, No. 1, 1986.

V. S. Desai, D. G. Convay, J. N. Crook and G. A. Overstreet, "Credit Scoring Models in the Credit Union Environment Using Neural Networks and Genetic Algorithms", *Journal of Mathematics Applied in Business Industry*, Vol. 8, No. 4, 1997.

V. S. Desai, J. N. Crook and G. A. Overstreet, "A Comparison of Neural Networks and Linear Scoring Models in the Credit Environment", *European Journal of Operational Research*, Vol. 95, No. 1, 1996.

De Young, Robert and Roland, P. Karin, "Product Mix and Earnings Volatility at Commercial Banks: Evidence from a Degree of Total Leverage Research Model", *Journal of Financial Intermediation*, Vol. 10, No. 1, 2001.

M. Dietsch And J. Petey, "The Credit Risk in SME Loans Portfolios: Modeling Issues, Pricing, and Capital Requirements", *Journal of Banking and Finance*, Vol. 26, No. 2, 2002.

P. Disyatat, "The Bank Lending Channel Revisited", *Journal of Money, Credit and Banking*, Vol. 43, No. 4, 2011.

S. Djankov, Y. Qian, G. Ronald and E. Zhuravskaya, "Entrepreneurship in China and Russia Compared", *Journal of the European Economic Association*, Vol. 4, No. 2, 2006.

R. A. Eisenbeis, "Pitfalls in the Application of Discriminant Analysis in Business. Finance, and Economics", *Journal of Finance*, Vol. 32, No. 3, 1977.

R. Elsas and J. P. Krahnen, "Is Relationship Lending Special? Evidence from Credit-file Data in Germany", *Journal of Banking & Finance*, Vol. 22, No. 10, 1998.

M. Faccio, "Politically-Connected Firms: Can They Squeeze the State?", *American Economic Review*, Vol. 96, No. 2, 2006.

N. Fernandes and M. A. Ferreira, "Insider Trading Laws and Stock Price Informativeness", *Review of Financial Studies*, Vol. 22, No. 5, 2009.

M. A. Ferreira and P. A. Laux, "Corporate Governance, Idiosyncratic Risk and Information Flow", *Journal of Finance*, Vol. 62, No. 2, 2007.

C. C. Finger, "Conditional Approaches for Credit Metrics Portfolio Distributions", *Cerdit Metrics Monitor*, Vol. 2, No. 1, 1999.

T. Frederick Furlong and C. Michael Keeley, "Capital Regulation and Bank Risk-taking: A Note", *Journal of Banking and Finance*, Vol. 13, No. 6, 1989.

E. L. Glaeser, R. La Porta, F. Lopez-de-Silanes and A. Shleifer, "Do Institutions Cause Growth?" *Journal of Economic Growth*, Vol. 9, No. 3, 2004.

Harvey Leibenstein, "Allocative Efficiency vs. 'X-Efficiency'", *American Economic Review*, Vol. 56, 1966.

J. J. Heckman, "Sample Selection Bias as a Specification Error", *Econometrica: Journal of the Econometric Society*, Vol. 47, 1979.

Helen Kwok, "The Effect of Cash Flow Statement Format on Lenders' Decisions", *The International Journal of Accounting*, Vol. 37, No. 3, 2002.

W. E. Henley and D. J. Hand, "Construction of a K-nearest Neighbor Credit-scoring System", *Journal of Mathematics Applied in Business and Industry*, Vol. 8, No. 4, 1997.

Hughes, P. Joseph, William W. Lang, Loretta J. Mester and Choon-Geol Moon, "The Dollars and Sense of Bank Consolidation", *Journal of Banking and Finance*, Vol. 23, 1999.

T. H. Huang and M. H. Wang, "Estimating of Scale and Scope Economies in Multi-product Banking: Evidence from the Fourier Flexible Functional Form with Panel Data", *Applied Economics*, Vol. 36, 2004.

Jean Tirole, "The Theory of Corporate Finance Introduction", *Theory of Corporate Finance*, 2006.

Jiming Liu and Chunyan Yao, "Rational Competition and Cooperation in Ubiquitous Agent Communities", *Knowledge-Based Systems*, Vol. 17, No. 5, 2004.

L. Jin and S. C. Myers, "R^2 around the World: New Theory and New Tests", *Journal of Financial Economics*, Vol. 79, No. 2, 2006.

John Innes, "External Management Auditing of Companies: A Survey of Bankers", *Accounting, Auditing and Accountability Journal*, Vol. 3, No. 1, 1990.

P. John Bonin, Iftekhar Hasan and Paul Wachtel, "Privatization Matters: Bank Efficiency in Transition Countries", Working Papers (William Davidson Institute) -University of Michigan Business School, 2004.

M. Klein, "A Theory of the Banking Firm", *Journal of Money, Credit and Banking*, Vol. 3, No. 2, 1971.

Kwang-Hyun Chung, Dimitrios Ghicas and Victor Pastena, "Lenders' Use of Accounting Information in the Oil and Gas Industry", *The Accounting Review*, Vol. 68, No. 4, 1993.

L. Laeven and R. Levine, "Bank Governance, Regulation and Risk Taking", *Journal of Financial Economics*, Vol. 93, No. 2, 2009.

R. La Porta, F. Lopez-De-Silanes, A. Shleifer and Robert W. Vishny, "Legal Determinants of External Finance", *Journal of Finance*, Vol. 52, No. 3, 1997.

R. La Porta, F. Lopez-De-Silanes, A. Shleifer and Robert W. Vishny, "Law and Finance", *Journal of Political Economy*, Vol. 10, No. 6, 1998.

R. La Porta, F. Lopez-de-Silanes, A. Shleifer and Robert W. Vishny, "Agency Problems and Dividend Policies around the World", *Journal of Finance*, Vol. 55, No. 1, 2000.

K. J. Leonard, "A Fraud Alert Model for Credit Cards During the Authorization Process", *Journal of Mathematics Applied Business Industry*, Vol. 5, No. 1, 1993.

R. Levine and S. Ahmed, "The Legal Environment, Banks, and Long-run Economic Growth", *Journal of Money, Credit, and Banking*, Vol. 30, No. 3, 1998.

R. Levine, "Law, Finance, and Economic Growth", *Journal of Financial Intermediation*, Vol. 8, No. 12, 1999.

Lewellen, G. Wilbur, "A Pure Financial Rationale for the Conglomerate Merger", *Joumal of Finance*, Vol. 26, 1971.

Linda Allen, A. Julapa Jagtiani and James Moser, "Do Market React to Bank Examination Ratings? Evidence of Indirect Disclosure of Management Quality through BHC's Application to Convert to FHC", Emerging Issues, 2000.

Loren Brandt and Hongbin Li, "Bank Discrimination in Transition Economies: Ideology, Information or Incentives?" *Journal of Comparative Economics*, Vol. 31, No. 3, 2003.

A. Maddaloni and J. L. Peydro, "Bank Risk-Taking, Securitization, Supervision, and Low Interest Rates: Evidence From the Euro-Area and the US Lending Standards", *Review of Financial Studies*, Vol. 24, No. 6, 2011.

Mathias Dewatripont, Patrick Legros and Steven A. Matthews, "Moral Hazard and Capital Structure Dynamics", *Journal of the European Economic Association*, Vol. 1, No. 4, 2003.

R. C. O. Matthews, "The Economic Institutions and the Source of Growth", *Economic Journal*, Vol. 96, No. 2, 1986.

J. Maudos, "Market Structure and Performance in Spanish Banking Using a Direct Measure of Efficiency", *Applied Financial Economic*, Vol. 8, 1998.

McKinsey and Co., "Credit Portfolio View", New York, 1997.

R. Morck, B. Yeung and W. Yu, "The Information Content of Stock Markets: Why do Emerging Markets have Synchronous Stock Price Movements?" *Journal of Financial Economics*, Vol. 58, No. 1 – 2, 2000.

J. P. Morgan, "CreditMetrics™—Technical Document", New York, 1971.

M. D. Odom and R. Sharda, "A Neural Network Model for Bankruptcy Prediction", Proceedings of the IEEE International Joint Conference on Neural Networks, 1990.

Oliver Hart and John Moore, "Property Rights and the Nature of the Firm", *Journal of Political Economy*, 1990.

S. H. Park and Y. Luo, "Guanxi and Organizational Dynamics: Organizational Networking in China Firms", *Strategic Management Journal*, Vol. 22, No. 5, 2001.

J. D. Piotroski and D. T. Roulstone, "The Influence of Analysts, Institutional Investors, and Insiders on the Incorporation of Market, Industry, and Firm-Specific Information into Stock Prices", *Accounting Review*, Vol. 79, No. 4, 2004.

K. Pistor and C. Xu, "Governing Emerging Stock Markets: Legal vs Administrative Governance", *Corporate Governance*, Vol. 13, No. 1, 2005.

K. Pistor, M. Raiser and S. Gelfer, "Law and Finance in Transition Economies", *Economics of Transition*, Vol. 8, No. 2, 2000.

R. Rajan, "Has Financial Development Made the World Riskier?" NBER Working Paper, No. 11728, 2005.

C. Robert Merton, "Option Pricing When Underlying Stock Returns are Discontinuous", *Journal of Financial Economics*, Vol. 3, No. 1 – 2, 1976.

W. Rodgers, "How do Loan Officers Make Their Decisions About Credit Risks? A Study of Parallel Distributed Processing", *Journal of Economic Psychology*, Vol. 12, No. 2, 1991.

W. Rodgers, "The Influences of Conflicting Information on Novices and Loan Officers' Actions", *Journal of Economic Psychology*, Vol. 20, No. 2, 1999.

R. Roll, "R^2", *Journal of Finance*, Vol. 43, 1988.

E. Rosenberg and A. Gleit, "Quantitative Methods in Credit Management: A Survey", *Operations Research*, Vol. 42, No. 4, 1994.

Saiying Deng and Elyas Elyasiani, "Geographic Diversification, Bank Holding Company Value, and Risk", *Journal of Money, Credit and Banking*, Vol. 40, No. 6, 2008.

J. Sanford Grossman and D. Oliver Hart, "An Analysis of the Principle-Agent Problem", *Econometrica*, Vol. 51, No. 1, 1986.

P. Sapienza, "The Effects of Government Ownership on Bank Lending", *Journal of Financial Economics*, Vol. 72, 2004.

S. A. Sharp, "Asymmetric Information, Bank Lending and Implicit Contracts: A Stylized Model of Customer Relationships", *The Journal of Finance*, Vol. 45, No. 4, 1990.

Shen, Pu, "How Long Is a Long-Term Investment?" *Economic Review-Federal Reserve Bank of Kansas City*, Vol. 90, No. 1, 2005.

C. Shu and B. Ng, "Monetary Stance and Policy Objectives in China: A Narrative Approach", Hong Kong Mone-tary Authority Working Paper, No. 1/10, 2010.

Shujie Yao, Chunxia Jiang, Genfu Feng, Willenbockel and Dirk, "WTO Challenges and Efficiency of Chinese Banks", *Applied Economics*, Vol. 39, No. 5, 2007.

F. Silanes, R. Porta, A. Shleifer and R. Vishny, "Law and Finance", *Journal of Political Economy*, Vol. 106, 1998.

V. Stango, "Strategic Responses to Regulatory Threat in the Credit Card Market", *Journal of Law and Economics*, Vol. 46, No. 2, 2002.

Sullivan, J. Richard and Kenneth R. Spong, "Managers Wealth Concentration, Ownership Structure, and Risk in Commercial Banks", JFI 16, 2007.

Tai-Hsin Huang and Mei-Hui Wang, "Estimation of Scale and Scope Economies in Multiproduct Banking: Evidence from the Fourier Flexible Functional Form with Panel Data", *Applied Economics*, Vol. 36, No. 11, 2004.

D. West, "Neural Network Credit Scoring Models", *Computers and Operational Research*, Vol. 27, No. 11, 2000.

J. C. Wiginton, "A Note on the Comparison of Logit and Discriminant Models of Consumer Credit Behavior", *Journal of the Financial Quantitative Annals*, Vol. 15, No. 3, 1980.

M. Woodford, "Financial Intermediation and Macroeconomic Analysis", *Journal of Economic Perspectives*, Vol. 24, No. 4, 2010.

二　中文文献

毕明强：《基于贡献度分析和客户关系的商业银行贷款定价方法研究》，《金融论坛》2004年第7期。

曹霞、常玉春：《利率市场化条件下贷款定价模式分析——兼论贷款定价中的利率期限结构问题》，《湖南大学学报》（社会科学版）2002年第S1期。

陈冬华、章铁生、李翔：《法律环境、政府管制与隐性契约》，

《经济研究》2008 年第 3 期。

代桂霞：《关于进一步完善我国商业银行信贷管理及业务流程机制的对策分析》，《金融研究》2004 年第 10 期。

戴国强、吴许均：《基于违约概率和违约损失率的贷款定价研究》，《国际金融研究》2005 年第 10 期。

董玮、郑建文：《国有商业银行基层信贷审批问题及对策思考》，《甘肃金融》2003 年第 12 期。

樊纲、王小鲁：《中国市场化指数——各地区市场化相对进程报告（2000 年）》，经济科学出版社 2001 年版。

樊纲、王小鲁：《中国市场化指数——各地区市场化相对进程报告（2001 年）》，经济科学出版社 2003 年版。

樊纲、王小鲁：《中国市场化指数——各地区市场化相对进程报告（2004 年）》，经济科学出版社 2004 年版。

范香梅、邱兆祥、张晓云：《我国中小银行地域多元化风险与收益的实证分析》，《管理世界》2010 年第 10 期。

方军雄：《市场化进程与资本配置效率的改善》，《经济研究》2006 年第 5 期。

方军雄：《所有制、制度环境与信贷资金配置》，《经济研究》2007 年第 12 期。

顾海峰：《金融市场中信贷配给的形成与均衡问题研究》，《金融理论与实践》2008 年第 11 期。

顾乃康、杨涛：《股权结构对资本结构影响的实证研究》，《中山大学学报》（社会科学版）2004 年第 1 期。

郭鹏飞、孙培源：《资本结构的行业特征：基于中国上市公司的实证研究》，《经济研究》2003 年第 5 期。

何自力：《银行中小企业贷款的效益与风险分析》，《金融论坛》2006 年第 1 期。

胡奕明、谢诗蕾：《银行监督效应与贷款定价——来自上市公司的一项经验研究》，《管理世界》2005 年第 5 期。

胡奕明、周伟：《债权人监督：贷款政策与企业财务状况——来自上市公司的一项经验研究》，《金融研究》2006 年第 4 期。

胡奕明、唐松莲：《审计、信息透明度与银行贷款利率》，《审计研究》2007 年第 6 期。

黄志刚：《信贷市场不完善、投资低效率和信贷陷阱》，《南开经济研究》2009 年第 3 期。

姜海军、惠晓峰：《基于信息不对称的信贷配给均衡模型研究》，《金融研究》2008 年第 9 期。

蒋东明：《论国外贷款定价模式及其对我国商业银行的启示》，《北京理工大学学报》（社会科学版）2004 年第 5 期。

蒋士成、费方域：《从事前效率问题到事后效率问题——不完全合同理论的几类经典模型比较》，《经济研究》2008 年第 8 期。

金鑫、雷光勇、王文：《国际化经营、机构投资者与股价同步性》，《科学决策》2011 年第 8 期。

李丙泉：《利率市场化下的商业银行贷款定价管理》，《济南金融》2002 年第 9 期。

李金迎、博昭：《基于博弈论的利率市场化条件下商业银行贷款定价行为研究》，《现代管理科学》2011 年第 12 期。

李瑞梅：《我国商业银行贷款定价研究》，《上海金融》2005 年第 6 期。

李涛：《国有股权、经营风险、预算软约束与公司业绩：中国上市公司的实证发现》，《经济研究》2005 年第 7 期。

李善民：《基于信贷配给理论的中小企业融资对策研究》，硕士学位论文，湘潭大学，2008 年。

李维安、曹廷求：《股权结构、治理机制与城市银行绩效——来自山东、河南两省的调查证据》，《经济研究》2004 年第 12 期。

李扬：《中国利率市场化：做了什么，要做什么》，《国际金融研究》2003 年第 9 期。

刘琛、宋蔚兰：《基于 SFA 的中国商业银行效率研究》，《金融研究》2004 年第 6 期。

刘明：《信贷配给与货币政策效果非对称性及"阈值效应"分析》，《金融研究》2006 年第 2 期。

刘青：《信贷审批制度与不良贷款续扩的实验研究》，《金融论坛》2012 年第 7 期。

刘伟、李绍荣：《所有制变化与经济增长和要素效率提升》，《经济研究》2001 年第 1 期。

刘西顺：《产能过剩、企业共生与信贷配给》，《金融研究》2006 年第 3 期。

刘彦文、管玲芳：《基于期权博弈的商业银行贷款定价模型》，《统计与决策》2009 年第 2 期。

刘颖、张爱荣、宋宇丹：《用博弈论方法确定商业银行贷款利率》，《经济研究导刊》2008 年第 8 期。

刘宗华、邹新月：《中国银行业的规模经济和范围经济——基于广义超越对数成本函数的检验》，《数量经济技术经济研究》2004 年第 10 期。

卢峰、姚洋：《金融压抑下的法治、金融发展和经济增长》，《中国社会科学》2004 年第 1 期。

罗党论、唐清泉：《中国民营上市公司制度环境与绩效问题研究》，《经济研究》2009 年第 2 期。

马九杰、吴本健：《利率浮动政策、差别定价策略与金融机构对农户的信贷配给》，《金融研究》2012 年第 4 期。

马志娟、谭笑飞：《小额信贷利率边界问题探究》，《金融纵横》2011 年第 7 期。

穆争社：《论信贷配给对宏观经济波动的影响》，《金融研究》2005 年第 1 期。

南旭光：《两类信贷腐败比较研究：审批腐败与支付腐败》，《广东商学院学报》2008 年第 4 期。

［美］诺思：《经济史中的结构与变迁》，陈郁译，上海人民出版

社 1999 年版。

庞素琳、王燕鸣：《含违约风险参量的信贷决策模型》，《系统工程理论与实践》2008 年第 8 期。

皮天雷：《法与金融：理论研究及中国的证据》，博士学位论文，西南财经大学，2008 年。

钱颖一：《市场与法治》，《经济社会体制比较》2000 年第 3 期。

乔涛：《对优化农行信贷审批制度的思考》，《湖北农村金融研究》2011 年第 4 期。

秦宛顺、欧阳俊：《中国商业银行业市场结构、效率和绩效》，《经济科学》2001 年第 4 期。

石蓉、耿香娥：《VAR 方法在银行贷款定价中的应用》，《统计与决策》2002 年第 9 期。

舒宁：《下限加点：商业银行贷款利率的定价模型》，《武汉金融》2009 年第 2 期。

宋晓桐：《我国小额贷款公司利率定价问题的探讨》，《浙江金融》2010 年第 1 期。

宋增基、袁茂、徐叶琴：《中国上市银行独立董事制度的运行效率》，《金融论坛》2007 年第 11 期。

孙伯灿、宋安平、马庆国：《商业银行贷审委的信贷决策行为研究及其绩效评估》，《金融研究》2003 年第 4 期。

孙伯灿、朱鹰、屠煜林：《我国商业银行贷审委制度的研究》，《管理世界》2003 年第 3 期。

孙浦阳、武力超、付村：《银行不同所有制结构与经营绩效关系：基于中国 47 家不同所有制银行的面板数据分析》，《数量经济技术经济研究》2010 年第 12 期。

孙月静：《股份制商业银行公司治理绩效的实证分析》，《财经问题研究》2006 年第 3 期。

孙铮、刘凤委、李增泉：《市场化程度、政府干预与企业债务期限结构——来自我国上市公司的经验证据》，《经济研究》2005 年第

5 期。

唐松、胡威、孙铮：《政治关系、制度环境与股票价格的信息含量——来自我国民营上市公司股价同步性的经验证据》，《金融研究》2011 年第 7 期。

王聪、谭政勋：《我国商业银行效率结构研究》，《经济研究》2007 年第 7 期。

王聪、邹朋飞：《中国商业银行效率结构与改革策略探讨》，《金融研究》2004 年第 3 期。

王聪：《中国商业银行的效率与竞争力》，中国金融出版社 2009 年版。

王聪、田存志：《股市参与、参与程度及其影响因素》，《经济研究》2012 年第 10 期。

王静、吕罡、周宗放：《信贷配给突变分析——破解信贷配给难题的理论模型》，《金融研究》2011 年第 8 期。

王来星：《我国商业银行收益与风险对应的定价模型构建》，《武汉金融》2003 年第 5 期。

王擎、吴玮、黄娟：《城市商业银行跨区域经营：信贷扩张、风险水平及银行绩效》，《金融研究》2012 年第 1 期。

王霄、张捷：《银行信贷配给与中小企业贷款——一个内生化抵押品和企业规模的理论模型》，《经济研究》2003 年第 7 期。

王亚平、刘慧龙、吴联生：《信息透明度、机构投资者与股价同步性》，《金融研究》2009 年第 12 期。

魏华、刘金岩：《商业银行内部治理机制及其对银行绩效的影响》，《南开学报》（哲学社会科学版）2005 年第 1 期。

魏克薇、谢赤：《信用评价方法在银行贷款定价中的应用》，《统计与决策》2004 年第 6 期。

吴栋、周建平：《基于 SFA 的中国商业银行股权结构选择的实证研究》，《金融研究》2007 年第 7 期。

吴文锋、吴冲锋、刘晓薇：《中国民营上市公司高管的政府背景与公司价值》，《经济研究》2008 年第 7 期。

项飞：《试析后发国政府对信贷分配的干预及其变革》，《南京政治学院学报》2005 年第 5 期。

徐明东、陈学彬：《货币环境、资本充足率与商业银行风险承担》，《金融研究》2012 年第 7 期。

徐忠、邹传伟：《硬信息和软信息框架下银行内部贷款审批权分配和激励机制设计——对中小企业融资问题的启示》，《金融研究》2010 年第 8 期。

杨德勇、曹永霞：《中国上市银行股权结构与绩效的实证研究》，《金融研究》2007 年第 5 期。

闫彦明：《中国商业银行业多元化经营绩效分析》，《上海经济研究》2005 年第 10 期。

叶谦：《信贷配给的机制影响与制衡研究》，博士学位论文，华中科技大学，2006 年。

易纲、赵先信：《中国的银行竞争：机构扩张、工具创新与产权改革》，《经济研究》2010 年第 8 期。

于久洪、张剑：《基于贝叶斯博弈的银行贷款定价研究》，《统计与决策》2010 年第 7 期。

曾铭娟：《我国转轨期间的信贷配给对货币政策效果的影响》，硕士学位论文，东北财经大学，2010 年。

张国兴：《浅谈我国商业银行的贷款定价方法》，《金融与经济》2005 年第 8 期。

张健华：《我国商业银行的 X 效率分析》，《金融研究》2003 年第 6 期。

张杰：《市场化与金融控制的两难困局：解读新一轮国有银行改革的绩效》，《管理世界》2008 年第 11 期。

张军、金煜：《中国的金融深化和生产率关系的再检测：1987—2001》，《经济研究》2005 年第 11 期。

张龙耀、江春：《中国农村金融市场中非价格信贷配给的理论和实证分析》，《金融研究》2011 年第 7 期。

张明恒、沈宏斌：《小型商业银行贷款利率定价的多因素模型实证研究》，《上海经济研究》2009 年第 4 期。

张维、高雅琴、熊熊、张小涛：《社会资本在团体贷款还款激励中的作用研究》，《现代管理科学》2008 年第 3 期。

张小茜、汪炜、史晋川：《利率市场化与信贷配给——一个基于 IRR 的实物期权模型》，《金融研究》2007 年第 3 期。

张雪兰：《收入多元化能降低银行风险吗？——基于中国银行业 (2001—2010) 的实证研究》，《投资研究》2011 年第 12 期。

赵旭、凌亢：《影响我国银行业效率因素的实证研究》，《决策借鉴》2001 年第 2 期。

周开国、李琳：《中国商业银行收入结构多元化对银行风险的影响》，《国际金融研究》2011 年第 5 期。

周伟、殷卫东：《商业银行信贷审批中的主要风险及对策》，《金融纵横》2007 年第 11 期。

周业安：《金融市场的制度与结构》，中国人民大学出版社 2005 年版。

庄新田、黄小原：《基于信息不对称的银行贷款定价策略分析》，《系统工程》2002 年第 3 期。

祖梅：《国有商业银行信贷审批业务的制度分析》，《当代经济》2007 年第 9 期。

后　记

　　当前，中国经济进入了以"中高速、优结构、新动力、多挑战"为主要特征的"新常态"，以利率及汇率改革为主线的金融市场化，使商业银行的经营环境发生重大的变化，实体经济面临结构调整及转型升级。在全球经济低迷的大环境下，中国经济如何跨越中等收入陷阱、实现华丽转身是经济学界普遍关心的课题。

　　中央银行货币政策是国家实现宏观调控的重要手段，从实施到实现宏观调控目标的这样一个中间途径，涉及极其复杂的微观传导过程。在当今中国转型升级的制度法律环境下，信息非对称、合约不完全性对经济政策的实施及调控的效果影响重大，货币政策的执行效果很可能应验了"理想丰满、现实骨感"的寓意。

　　基于信息非对称、微观主体的互相博弈对货币政策执行的效果影响重大。例如，银行、企业和居民等实体的决策行为，对于货币派生和流动速度有着直接的影响，是促进经济发展和影响价格变动的直接动力。其中商业银行的信贷行为更是在货币政策传导中起着至关重要的作用，对于货币流动和企业投资有着直接的影响。同时商业银行作为追求利益最大化的市场主体，在货币政策变动时，如何根据政策和市场环境来调整自己的信贷行为并达到最优，是金融市场化进程中商业银行实现转型升级的重要一环。

　　本书是在博士论文基础上修改的，正是站在银行信贷决策的角度上来考虑制度、合约、非对称信息等微观要素对国家调控政策传导到实体经济过程中的影响。

　　中共中央全面推动供给侧改革，通过产业层面、调控层面、财税制度层面、资本层面的新部署，以达到调结构、提效率的目的，勾勒出了"供给侧改革"的重点领域和规模，其方法是通过制度层面的改革，提升全要素生产率。本书正是研究银行在货币政策实施的大环境下，从微观角度，围绕银行的审贷制度设计、合同设计等层面，充分运用不完全契约理论及计量模型，研究了银行如何通过制度设计及对信息的处理达到调结构、提效率的目的，与当前供给侧改革中涉及"制度与效率"的热点课题，具有现实的参考意义。

2015 年是中国推进金融市场化改革的重要一年，存款保险制度推出，央行全面放开人民币存款利率的上限，人民币正式加入 SDR 体系，中国外汇交易中心发布了 CFETS 人民币汇率指数，标志着利率及汇率市场化已经进入一个新的里程碑。2015 年也是中国经济步入"新常态"、遭遇较大冲击与挑战的一年。2015 年，中国股票市场经历了大起大落，资本加速外流，中国经济有进入"债务—通缩"恶性循环的风险，企业利润普遍严重缩减，为此央行通过降准降息的方式，为市场注入充足的流动性，引导市场利率进一步降低。随着债务问题的加重，中国金融机构在风险偏好下降及无风险收益率大幅降低的双重夹逼下，面临"资产荒"的困局。此时，遇到到期资产重配难题的保险资金借道金融中介层面进入资本市场，金融杠杆被进一步放大，金融波动的加剧引起社会的普遍关注。因此，随着金融市场化进程的加快及金融波动幅度的加大，中国新一轮的金融体制改革迫在眉睫，不完全契约理论正是指导未来金融体制改革、寻找最优制度安排、黏合法与金融的重要理论基础，也是本书研究及引申的热点前沿课题。

在法与金融的领域，由于契约不完全的常态，探究如何安排一种最优金融结构使最优产权安排及其他治理结构成为可能，也就成了不完全契约理论在金融领域深化发展的题中之意。这里的最优金融形态不仅包括金融契约工具层面的条款设计，还包括金融中介层面的结构配比及金融政策上的机制设计，包含与金融系统配套的最优法律制度安排。利用不完全契约理论深化对最优金融结构的认识，并且探讨它如何随经济社会的发展而发展，是我们下一阶段需多加关注的领域。

光阴似箭。回想在广东农信系统二十载的奋斗历程，辗转于金融市场、国际业务、公司金融及信贷管理工作，深思于应用经济及金融研究的领域，笔者有幸见证了中国改革开放过程中金融大变革的二十年。激流澎湃，大浪淘沙。世事万物，若说此间必有颠扑不破的真理，大抵就是"变"。笔者感慨于社会的进步，正是理论与实践不断演绎与推理、验证与修正的循环过程，正误既非一成不变，亦未必泾渭分明。然万变不离其宗，即使变化亦总有规律可循。回顾人类进步的历程，不正是通过不断的证实与证伪，在浩渺的黑暗中找到通向黎明的大道吗？因此，工作二十年间，笔者虽未能笔耕不辍，亦从未敢在理论的学习、信息的更新、实践的探索与反思中有丝毫懈怠。书中观点及结论孕育于中国转型升级的特殊背景，由于理论模型的缺陷及数据的偏差，难免以偏概全。若能获得读者的认同，给广大的经济工作者在探索前行中带来一丝光亮，则是本人的最大满足。

叶建光

2015 年 12 月于广州珠江新城